【全面改訂版】

完全再現

NMAT・JMAT

管理者適性検査 エヌマット

中堅社員適性検査 ジェイマット

攻略問題集

入社後の最重要試験 NMAT・JMATをあなたは知っていますか?

年間約1200社、4万人が受検するテスト

「NMAT」「JMAT」という名前を聞いたことがありますか？ **NMAT（エヌマット）は年間で約1200社、4万人のビジネスマンが受検するテスト、JMAT（ジェイマット）はそれに準じる数の企業で実施されているテスト**です。どちらも国語や算数（数学）の問題が出るテストです。社内での評価や昇進、昇格にもこうしたテストが関係してくるのです。

昇格・昇進がNMAT・JMATで決まる!

NMATは管理職としての適性を見るテスト、JMATは管理職よりも一歩手前の中堅社員層を対象としたテストです。経営者や人事部にとって、NMATやJMATは社員の能力や性格、指向などを客観的な指標に基づいて判断するためのツールです。結果が昇格・昇進の決め手となることもあるのです。

受検者本人の自己理解の促進にも役立つ!

NMATやJMATには、受検者に結果をフィードバックするための報告書があります。これにより、受検した本人も自分の能力や指向を客観的に把握することができます。NMATやJMATは、受検者のキャリアプラン形成における自己理解を促すツールでもあるのです。

NMAT・JMAT対策に、本書を活用してください！

本書の特徴

NMAT・JMATの対策問題集

本書は、リクルートマネジメントソリューションズ社の管理者適性検査「NMAT」と、中堅社員適性検査「JMAT」の対策問題集です。
NMAT・JMATで出題される言語能力検査（国語に相当）、非言語能力検査（数学に相当）、性格検査、指向検査に対応。本書一冊で、NMATとJMAT両方の対策ができます！

全面改訂！問題を大幅入れ替え！

全面改訂にあたり、NMAT・JMATとも、言語、非言語の問題を大幅に入れ替え。既存の問題は解説を見直し、さらなる改良を行いました。

実際の出題範囲、出題内容を忠実に再現！

実際にNMATやJMATを受検した社会人の皆さんから寄せられた報告に基づき、問題を高い精度で再現しています。本書で対策をしておけば、本番で確実な手応えが得られるでしょう。

性格検査・指向検査の解説も掲載!

NMATの性格検査と指向検査に対応。それぞれの検査で使用される尺度や役職タイプなどについて詳しく解説します。

JMATの性格検査と指向検査はNMATとよく似ています。本書では、JMATの性格検査と指向検査について、NMATとの違いを中心に解説します。

キャリアプランに役立つヒントを掲載!

性格検査の解説では、「ライン管理職」と「専門職」との関係や、「複線型人事制度」「単線型人事制度」などの用語をわかりやすく解説。これからの皆さんのキャリアプランを考えるヒントを提供します。

[目次]

【巻頭】
入社後の最重要試験
NMAT・JMATをあなたは知っていますか？ ── 1
本書の特徴 ── 2

第1部
NMAT・JMATとは？ ── 7
- NMAT・JMATとは？ ── 8
- 受検のタイミングとテストの見分け方 ── 10
- 本書の目的と使い方 ── 12

第2部
NMAT完全再現問題 ── 15
- NMATの構成 ── 16
- NMAT検査Ⅰ ── 17
- NMAT検査Ⅰ［解答と解説］── 37
- NMAT検査Ⅱ ── 61
- NMAT検査Ⅱ［解答と解説］── 81

第3部 JMAT完全再現問題 — 111

- JMATの構成 — 112
- JMAT検査Ⅰ — 113
- JMAT検査Ⅰ［解答と解説］ — 127
- JMAT検査Ⅱ — 147
- JMAT検査Ⅱ［解答と解説］ — 169

第4部 性格・指向検査 — 205

- NMATの性格検査と指向検査とは — 206
  - NMATの性格検査とは — 206
  - NMATの指向検査とは — 206
  - 性格・指向検査の構成 — 206
  - NMATの検査Ⅲ（性格検査）の再現問題 — 207
  - NMATの検査Ⅳ（指向検査）の再現問題 — 210
- NMATの性格検査の診断結果 — 211
  - 性格検査の診断結果 — 211
- NMATの性格検査の尺度 — 216
  - 性格検査の8つの尺度 — 216
  - 性格検査の虚偽尺度 — 235

- **NMATの性格検査の役職タイプ** ―― 236
  - 8つの尺度の組み合わせで「役職タイプ」が決まる ―― 236
  - 「役職タイプ」は4つ ―― 237
  - 「能力」と「役職タイプ」のマトリックス ―― 239
- **NMATの指向検査の尺度** ―― 240
  - 「指向」とは？ ―― 240
- **結局、性格・指向検査にどう回答すべきか？** ―― 243
  - NMATで大事なのは役職タイプ ―― 243
  - どの「役職タイプ」を目指すのか？ ―― 243
  - 「役職タイプ」と「役職指向」 ―― 244
  - 専門職と専任職 ―― 245
  - 「複線型人事制度」と密接な関係のあるNMAT ―― 246
  - 無回答はダメ！ ―― 246
- **キャリアプランを考える** ―― 248
  - 「役職タイプ」と「指向」のズレに注目 ―― 248
- **JMATの性格検査と指向検査とは** ―― 250
  - JMATの性格検査とは ―― 250
  - JMATの指向検査とは ―― 250
  - 性格・指向検査の構成 ―― 250
- **JMATの性格検査の尺度** ―― 251
  - 性格検査の9つの尺度 ―― 251
- **JMATの性格検査の職務タイプ** ―― 256
  - 9つの尺度の組み合わせで「職務タイプ」が決まる ―― 256
  - 「職務タイプ」は3つ ―― 257
- **JMATの指向検査の尺度** ―― 259
  - 「指向」とは？ ―― 259

カバーイラスト＝しりあがり寿
本文デザイン・DTP・図版作成＝中山デザイン事務所

第1部
NMAT・JMATとは？

NMAT・JMATとは？ …………………… 8ページ
受検のタイミングと
テストの見分け方 …………………… 10ページ
本書の目的と使い方 …………………… 12ページ

NMAT・JMATとは?

NMATとは?

　NMAT（エヌマット）は、企業の管理職としての適性を客観的に測るためのテストです。リクルートマネジメントソリューションズ社が作成・販売しています。**ペーパーテストでのみ実施され、テストセンターなどのパソコン受検方式はありません。**
　NMATの受検対象者は、企業の管理職候補者です。
　NMATは、その原型であるMATの時代から、管理職としての適性がある人材を選別するために、一部上場企業を中心に導入されてきた実績あるテストです。年間で約1200社、4万人がNMATを受検しています。

※年間の社数、受検者数は、リクルートマネジメントソリューションズ社がホームページで公表している実績数に基づく

NMATの構成

　NMATは言語、非言語、性格、指向の4つの検査で構成されます。

●NMATの構成

検査名	問題数	制限時間	測定内容	解説
検査Ⅰ （言語能力検査）	約28問	35分	文章の構成や論旨を理解する力	P.17
検査Ⅱ （非言語能力検査）	約27問	35分	論理的思考力（獲得した情報をもとに、新しい表現や的確な判断を導く力）	P.61
検査Ⅲ （性格検査）	180問	計約40分	性格特徴	P.206
検査Ⅳ （指向検査）	45問		指向	

JMATとは？

　JMAT（ジェイマット）は、中堅社員層の適性と指向を診断するテストです。NMATと同じく、リクルートマネジメントソリューションズ社が作成・販売しています。**ペーパーテストでのみ実施され、テストセンターなどのパソコン受検方式はありません。**
　JMATの受検対象者は、中堅社員層とその候補者です。
　JMATの使用社数は不明ですが、NMATに準ずる数の企業で使用されているものと推測されます。

JMATの構成

　JMATもNMATと同様に4つの検査で構成されます。それぞれの検査で出題される問題数や制限時間はNMATとは違います。

● JMATの構成

検査名	問題数	制限時間	測定内容	解説
検査Ⅰ （言語能力検査）	約54問	30分	文章の構成や論旨を理解する力	P.113
検査Ⅱ （非言語能力検査）	約40問	40分	論理的思考力（獲得した情報をもとに、新しい表現や的確な判断を導く力）	P.147
検査Ⅲ （性格検査）	220問	計約40分	性格特徴	P.250
検査Ⅳ （指向検査）	30問		指向	

受検のタイミングとテストの見分け方

NMAT・JMATはいつ、どんなときに受けるか

　NMATは、主任や係長から課長・部長に昇進するときに、「必須科目」として受検を義務づけている企業が多いようです。

　実際の検査は、管理職候補者の数人を集めて行われることも、1人で受検させられることも、また管理職研修の最中に行われることもあります。企業によって、いつNMATを受検するかは異なります。

　中堅社員層が対象のJMATも、受検のタイミングはさまざまです。一般的な研修の際に、特に説明もないまま受けさせられるケースもあります。

　一方で、社員教育の一環として、結果を本人にフィードバックして利用するケースもあります。

NMAT・JMATの見分け方

①NMAT・JMATの問題冊子はB5判（縦257ミリ、横182ミリ）の大きさです。

②裏表紙には、「回答用紙への『名前・年齢等』の記入法」などと書かれており、ローマ字の対照表なども載っています。

③裏表紙の左下には、テストの種類が省略表記されています。
　　NMA→NMATの省略表記
　　JMA→JMATの省略表記

④別紙のマークシートの一番上または一番下の端にもテスト名が載っていることがあります。

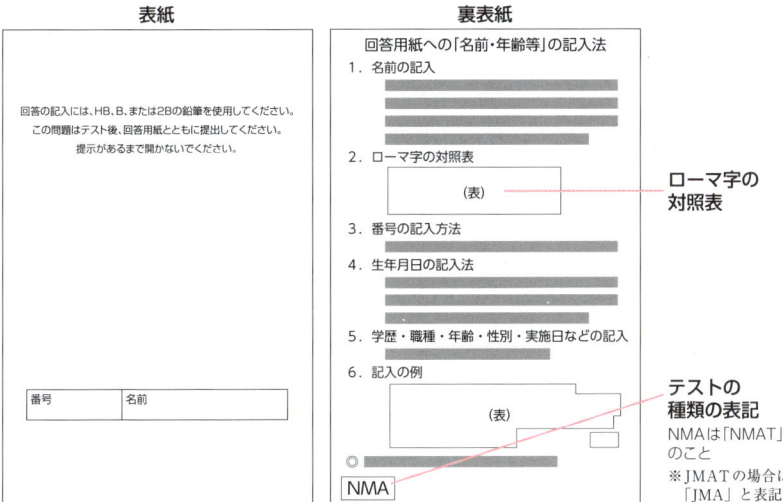

NMAT・JMATには並行版がある

「並行版」とは「テストの基本構成は同じだが、設問の数値などが少し異なるもの」のことです。NMAT・JMATの検査問題の場合、検査Ⅰの言語能力検査、検査Ⅱの非言語能力検査の部分は、ともにいくつかの並行版が用意されています。同一の企業では、常に同じ版が使用される場合もありますが、1年単位などで版を変更する企業もあります。

並行版の数は、NMATで5版以上、JMATで3版以上あるようです。

診断結果の報告書は「人事用」「本人用」がある

テストが終わると、答案用紙はリクルートマネジメントソリューションズ社に送られ、診断が行われます。診断結果は報告書の形で企業に返送されます。報告書には、人事部などが結果を見るための「人事用報告書」と、受検者に結果をフィードバックするための「本人用報告書」の2種類があります。

※診断結果について詳しくは211ページを参照

本書の目的と使い方

本書の目的①昇格・昇進を有利にする

　客観的な資料として定評のあるNMATやJMATで高得点を取ることは、プラスの評価につながります。これに日ごろの勤務態度や業績など複数の要素が加味されて、昇格・昇進が決まるのです。

　反対に、NMATやJMATで高得点を取れなかった場合、日ごろの勤務態度や業績などが優れていても、不利に働くことがあるでしょう。

　管理職のポストは限られています。1つのポストを多くの候補者が競い合うケースでは、わずかな点数の差が結果を左右することがあるかもしれないのです。

本書の目的②キャリアプランを考える材料にする

　皆さんの中には、「ライン管理職」と「専門職」との関係や、「複線型人事制度」「単線型人事制度」などの用語にあまりなじみのない方もいるのではないでしょうか。これらの用語には、キャリアプランを考えるための重要な要素が含まれています。

　本書はこれらの用語をわかりやすく解説し、これからの皆さんのキャリアプランを考えるヒントを提供します。

　また、本書の「性格・指向検査」（205ページ）は、皆さんのキャリアプランを考える上での重要な材料になります。

本書に掲載している再現テスト

本書には、以下の検査について再現テストと解説を掲載しています。

- ●NMAT：言語、非言語、性格、指向
- ●JMAT：言語、非言語、性格、指向

再現テストの受け方

　本書は、実際のNMATやJMATによく似た体裁で再現問題を掲載しています。まずは、能力検査を制限時間内で解けるかどうか挑戦してください。かなりの速さが要求されることが実感できるでしょう。時間内に解けなかった問題も解いてみて、それから解説に進んでください。

　解説では答え合わせを行い、わからなかった問題の解説を読んで理解しておきましょう。次に同じ問題に取り組んだときに、確実に正解できるようにしておくことが大事です。

　正解した問題についても、単なる答え合わせで終わらずに解説を読んでおきましょう。問題の解き方や考え方の理解を深めることも、本番での得点アップにつながります。

【JMATでさらなる得点アップを目指す方は】

JMATの言語、非言語は、リクルートキャリア社の採用テスト「SPI-G」のペーパーテストに酷似しています。『転職者用SPI3攻略問題集』（洋泉社）は、その「SPI-G」専用の対策本です。
JMATのさらなる得点アップを目指す方は、同書を併用されることをお勧めします。

再現テストについて

　本書では、実際に受検した複数の受検者の情報から、採用テスト（能力・性格テスト）を再現しています。ただし、採用テストの作成会社、および、その他の関係者の知的財産権等が成立している可能性を考慮して、入手した情報をそのまま再現することは避けています。

　本書に掲載している問題は、「SPIノートの会」が情報を分析して、採用テストの「意図」を盛り込んで新たに作成したものです。また、採用テストの尺度、測定内容、採点方法などにつきましては、公開されているもの以外は、「SPIノートの会」の長年にわたる研究により、推定・類推したものです。この点をご了承ください。

第2部
NMAT 完全再現問題

検査Ⅰ ……………………………………… 17ページ
検査Ⅰの解答と解説 ……………………… 37ページ
検査Ⅱ ……………………………………… 61ページ
検査Ⅱの解答と解説 ……………………… 81ページ

NMATの構成

NMATは、検査Ⅰ〜Ⅳの4つのブロックに分かれています。

検査Ⅰ：言語能力検査
- 空欄補充や文章読解、長文読解が出題され、「文章の構成や論旨を理解する力」を測定します。
- 設問数約28問（長文は3〜5あり、それぞれに設問が5〜6問）
- 検査時間35分

検査Ⅱ：非言語能力検査
- 中学生レベルの数学の問題が出題され、論理的思考力を測定します。論理的思考力とは「獲得した情報をもとに、新しい情報や的確な判断を導く力」のことです。
- 設問数約27問（問題種は8〜10程度で、それぞれに設問が2〜5問）
- 検査時間35分

検査Ⅲ：性格検査
- 「性格特徴」を問う検査です。
- 設問数180問

検査Ⅳ：指向検査
- 「指向」を問う検査です。
- 設問数45問
- 検査時間約40分（検査Ⅲと検査Ⅳあわせて）

回答はすべて、マークシートに記入します。

検査時間に対して設問数が多いので、短い時間で大量の問題を解かなければなりません。

NMATの並行版（テストの基本構成は同じだが設問の数値などが少し異なるもの）は5版以上あるようです。

同一の企業では、毎年同じ版が使用される場合もありますが、1年ごとに版を変更する企業もあります。

検 査 Ⅰ

- 設問ごとに5〜6の選択肢があります。
- 正しいと思うものを1つだけ選んで、
  巻末の解答用紙の解答欄を、
  例のように、鉛筆で、文字が見えなくなるまで、
  黒く、濃く、塗りつぶしてください。

（例）
Ⓐ ● Ⓒ Ⓓ Ⓔ

- 問題数は多めになっていますので、
  あせらずに、落ち着いて解いてください。

- 検査Ⅰの問題数は28問、検査時間は35分です。

（※この扉はオリジナルの問題冊子の表紙を再現したものです。本書にはマークシートはついていません）

次の文を読んで、（1）から（6）までの6問に答えなさい。

　生物の老化や寿命決定のしくみについては、たくさんの説がある。それらを大きくわけると、2つに分類することができる。
　1つはプログラム説と呼ばれるものである。生物の体はもともと老化と死のプログラムを備えていると考える立場で、宿命説とか決定論などともよばれている。
　動物の体は受精卵が細胞分裂をくり返し、またいろいろな種類の細胞に分化してできあがっていく。ＤＮＡの中に、この発生と分化のプロセスのプログラムが入っていることにうたがいはない。老化と死は、この延長線上にあるのではないかというわけである。
　なぜ老化し死ぬことをプログラムとして入れておくのかといえば、生殖行為を終えたものは、同じ種の若い動物にとって、食物をとり合う競争相手になるだけなので、「種の保存」という点から見ると、いない方がよい存在だからと考えられる。
　これに対して、老化や死は、さまざまな内的および外的原因による傷害がつもりつもった結果おこり、最終的には死に至るという考え方がある。
　結論からいうと、これら2つの説のどちらが正しいのかよくわからない。しかし、どちらか1つが正しいのではなく、実際の老化や死はいろいろな原因が総合しておこる可能性もある。ズルイようだが、私もそう思っている。
　不老不死の法、いいかえると老化制御の方法を考えるときには、老化や寿命決定のメカニズム次第で大きく左右される。
　プログラム説の立場をとるならば、老化を防ぎ寿命をのばすためには、プログラムを操作しなければならない。プログラムはもちろんＤＮＡの中に書きこまれているはずで、ＤＮＡの操作ということになる。
　具体的にはどのようなことが考えられるのだろうか。
　人間やネズミの体から細胞をとり出し、試験管やシャーレの中で培養する細胞培養の話は前にもたびたび出てきた。
　ふつうの細胞は容器の壁にはりついてふえていき、壁いっぱいになると

分裂がとまる。そこで細胞の一部をとり出して、別の容器に移してやると、また増殖をはじめる。細胞のうえつぎである。細胞を何度もうえついでいくと、だんだん分裂のスピードがおそくなり、やがて細胞はもはや分裂できなくなる。人間の胎児からとった細胞の多くは、約50回が分裂限界である。つまり試験管の中の細胞も老化するし、決められた寿命があるように見える。

　若い細胞を年とった細胞と融合させてみると、融合細胞は年をとった細胞なみに分裂能力がおちてしまう。どうやら細胞には、分裂をストップさせる「老化遺伝子」があって、若い細胞ではこの遺伝子は眠っているが、年をとってくると発現するようになるらしいのである。

　おもしろいことに、がん細胞は培養しても老化もせず、寿命もない。どんどん分裂してふえつづける。がん細胞と正常細胞を融合させると、融合細胞は正常細胞なみの寿命になるという。　1　、がん細胞では「老化遺伝子」がうまく働いていない。

　一方、細胞のがん化の研究から、正常細胞にはがん化をひきおこす「がん遺伝子」と、がん化を抑制する「がん抑制遺伝子」があり、これらの遺伝子に変異がおきて、がん遺伝子が活性化され、また抑制遺伝子の働きが損なわれるとがん化がおこることが明らかになってきた。

　細胞の「老化遺伝子」と「がん抑制遺伝子」とは、どうやら、まったく同じものか、ひどく似たものらしい。

　そこで、細胞のがん化をおこさずに老化遺伝子の働きをとめることができるのかどうかが問題である。もしも、これができれば、少なくとも培養細胞のレベルでは、不老不死が可能となる。

（『バイオサイエンス入門』藤本大三郎／講談社現代新書）

（1）　1　に当てはまる最も適切な言葉を選びなさい。

　　A　しかし　　B　さて　　C　ですから
　　D　つまり　　E　もしくは

（2）本文中の下線部　これ　の指す内容として最も適切なものを選びなさい。

　　A　プログラム説　　B　生殖行為　　C　競争相手
　　D　細胞分裂　　　　E　種の保存

（3）本文中の下線部　これらの遺伝子　の指す内容として適切なものを選びなさい。

　　ア　がん遺伝子
　　イ　老化遺伝子
　　ウ　がん抑制遺伝子

　　A　アだけ　　B　イだけ　　C　ウだけ
　　D　アとイ　　E　アとウ　　F　イとウ

（4）一卵性双生児（※）の寿命は類似しているというデータがある。これを本文中に述べられていることに照らしたとき、最も適切なものを選びなさい。

　　※一卵性双生児……一個の受精卵から生じたふたご。

　　A　このデータはプログラム説を支持する。
　　B　このデータはプログラム説を否定する。
　　C　このデータは死は内的および外的傷害がつもったものとする説を支持する。
　　D　このデータは死は内的および外的傷害がつもったものとする説とプログラム説の両方を否定する。
　　E　このデータは死は内的および外的傷害がつもったものとする説とプログラム説の両方を支持する。

（5）本文中に述べられていることと合致するものを選びなさい。

　　ア　プログラム説とは、遺伝子の中に老化の進み方があらかじめ決められているというものである。
　　イ　プログラム説は老化を説明する定説となっている。
　　ウ　細胞は条件さえ良ければ無限に分裂を繰り返すことができる。

　　A　アだけ　　B　イだけ　　C　ウだけ
　　D　アとイ　　E　アとウ　　F　イとウ

（6）細胞に老化がプログラムされている理由として、筆者があげている最も適切なものを選びなさい。

　　A　生物の宿命であるとしか言えず、明確な理由などない。
　　B　老化遺伝子の働きをとめることができないから。
　　C　細胞はやがて分裂能力がおちてしまうから。
　　D　食物をとり集める仲間が多いほうが「種の保存」として有利だから。
　　E　種の保存という点から見て、生殖行為を終えたものは、いない方がよい存在だから。

次の文を読んで、（7）から（12）までの6問に答えなさい。

　かつて学生だったころ、生理学者・橋田邦彦が、さかんに「科学する心」を強調したのを、ぼくはいまでもよく憶えている。「科学する」という日本語が、何とも奇妙にきこえたからである。当時、彼は、たしか文部大臣だったが、文相たる者がこんなヘンな日本語を使っていいのか、と思ったのだ。「科学する」なんて日本語としては破格であり、「科学を学ぶ」でなければならない、と。

　しかし、いまにして考えてみれば、それはたしかに耳馴れない用法だったが、べつに破格だったわけではない。なぜなら、日本語には、じつに便利な「する」という動詞があり、それが何にでもくっつくからである。じっさい、「する」という日本語が、いかに融通無碍であるかは、こころみに辞書を引いてみれば、びっくりするほどだ。

　　1　『広辞苑』の用例を一瞥すると、そこには「音がする」「頭痛がする」「価する」「子供を医者にする」「朝食はパンにする」……など、じつにさまざまな「する」の用法が列記されている。とうぜん、この言葉は、いともかんたんに形容詞や副詞にもつき、それどころか、外国語にさえ容易に合体するのである。だから、日本人は、どっと入ってきた漢語を片端から取り込み、それを〝自家薬籠中〟のものにし得たのだ。「熟慮」する、「警護」する、「激怒」する、「読書」する、「約束」する……現在、ぼくらが日常的に使っている言葉の大半は、そうした「する」のおかげだと言ってよい。

　それというのも、日本語は体言に活用がなく、ただ格助詞をつければ語として成り立つという特質を持っているからである。さらに冠詞、性別、単数・複数にこだわらず、それらによる動詞の変化も必要としないためだ。

　こうした日本語の構造が、外国語の輸入を大いに容易にした。そこで明治になると、こんどはヨーロッパ語がつぎつぎに流入して「和製漢語」に置き換えられ、さらに第二次大戦後にはアメリカ語が手当りしだいにカタカナに移されて「和製英語」が氾濫することになったのである。そのすべてが「する」という便利な一語にかかっていたのだ。

つい最近、私は朝日新聞（1997年6月3日付夕刊）の一面に「アセスする」という見出しが躍っているのを見て、いまさらのように「する」の効能に感嘆した。アセスとは、いうまでもなく英語のassess——すなわち、評価する、査定する、の意味である。それなら、日常語として通用している日本語をそのまま使えばいいのに、わざわざ「アセスする」などと表現するのは、さきの「科学する」以上に奇異なことではないか。

しかし、この場合は、品物や成績などの査定、評価ではなくて、周囲の自然環境がどのような影響を受けるのか、それに関する査定、評価であるところから、わざわざ「アセスする」と、見出しに使ったのかもしれない。だが、新聞の読者が、そんな意味をすんなり理解できたとは、とうてい思えない。みんなで考えなければならない大事な問題について、新聞がこのような外来語を勝手な用法でつたえる——ぼくは、これが、日本における「哲学」の不毛と、少なからず関係しているのではないか、と思わざるを得なかった。

というのは、いとも簡単に外国語を借用できるということは、新しい観念を獲得する上で大いに役立つと見ることもできるが、反面、受け入れた言葉は一知半解にとどまり、数多くの誤解を生みだすことになるからである。そして、そのあげく、思考そのものを、きわめてあいまいなものにしてしまうのだ。

わかっていないのに、わかったように思い込む、これが思索の最大の敵である。だが、日本人は、いともやすやすと、いや、みずから進んで、その〝敵〟の術中に陥ってしまう。

（『ぼくの哲学日記』森本哲郎／集英社）

(7) ［　1　］に当てはまる最も適切な言葉を選びなさい。

A　そして　　　B　たとえば　　　C　おまけに
D　しかしながら　　E　ときに

（8）日本語の特徴として本文中で述べられていることと合致するものを選びなさい。

　　ア　日本語は冠詞による動詞の変化が難しい言語である。
　　イ　マスコミによって日本語は急激な発達をとげた。
　　ウ　「する」という動詞は応用範囲が広い。

　　A　アだけ　　B　イだけ　　C　ウだけ
　　D　アとイ　　E　アとウ　　F　イとウ

（9）本文中の下線部　その　に含まれる内容として適切なものを選びなさい。

　　ア　外国語の和製漢語と和製英語への置き換え
　　イ　日本への外国語の輸入
　　ウ　日本語は体言に活用がないこと

　　A　アだけ　　B　イだけ　　C　ウだけ
　　D　アとイ　　E　アとウ　　F　イとウ

（10）本文中の下線部　これ　の指す内容として最も適切なものを選びなさい。

　　A　日本人の英語力の低さ
　　B　みんなで考えることを軽んずること
　　C　新聞に書いてあることを信じること
　　D　新聞に書いてあることを頭から否定すること
　　E　外来語を安易に使用すること

（11）本文中に述べられていることと合致するものを選びなさい。

　　ア　融通無碍な日本語の性質は外国語の概念を取り込む上で大変便利だった。
　　イ　わかっていないのに、わかったように思い込むことは思索にとって敵である。
　　ウ　外国語を日本語に取り込むことに遠慮をしていては、哲学の発展を阻害する。

　A　アだけ　　B　イだけ　　C　ウだけ
　D　アとイ　　E　アとウ　　F　イとウ

（12）いとも簡単に外国語を借用できる 理由として、筆者があげていることと合致するものを選びなさい。

　　ア　日本人は新しい観念を獲得するのが得意だから。
　　イ　日本語は体言に活用がなく、ただ格助詞をつければ語として成り立つという特質を持っているから。
　　ウ　わかっていないのに、わかったように思い込むのが日本人の特性だから。

　A　アだけ　　B　イだけ　　C　ウだけ
　D　アとイ　　E　アとウ　　F　イとウ

次の文を読んで、(13) から (18) までの 6 問に答えなさい。

　外資系はよく、実力主義、能力主義がはっきりしているといわれますが、言い方を変えれば、そうした実力や能力が発揮できる仕事に特化するということでもあります。結果がすべてですから、当然です。したがって、自分の仕事の守備範囲というものがはっきりと決まっています。
　一方、日系に勤めていると、企業イコール自分という働き方、特に実力がありバリバリと仕事をこなす人ほど、会社全体を考え、会社の経営に自らも参画しているがごとき行動をとりがちです。会社にとってよいと思えることはどんどん発言し、改革案などを出したりします。
　カイゼン（改善）の名で海外にも知られた日本企業の強さの一つですが、日本にある外資系に就職した場合、そのことが自分の守備範囲に入っているかどうか気をつけないといけません。特に結果がすべての営業部門では、自分の成果を左右する業務上の改善にはとことん口を出すべきですが、どう見ても関係のない部門についての提案はマイナスにすら取られかねません。この点は、日本企業に勤めていたやる気満々の人が外資系に移る時、特に気をつけなければなりません。すなわち、こうした事柄について考え、結論を出し、実行に移すことこそが、上に立つマネージメントの仕事なのです。
　そして日本にある外資系企業のマネージメントは、その人が外国人であろうと日本人であろうと、下から提案が上がってくるのを待っているタイプではありません。もちろんあなたの意見を快く受け入れてくれるマネージメントもいるでしょうから、絶対に意見や提案をするなというわけではありませんし、お国柄によっても多少違いがあると思います。ただ、基本は自分に与えられた仕事を100％こなすこと、と思った方がよいでしょう。そのためにも上司が自分に対して何を目標と定めたのかを十分に把握・確認することです。通常、上司はあなたの目標の達成度合に応じて公平に評価・処遇します。
　ある外資系企業の人事部のヘッドをしていた日本人女性が仕事を辞めたと私に連絡してきました。普通辞める前の相談が多いのですが、彼女の場

合はすでに次の職場を　1　していたので、明るいトーンで辞めた理由を説明してくれました。要は自分が会社のためにいろいろと提案し、改善を主張したのに会社はまったく行動しない、ということです。

　提案の中身は人事規程に関することですから、自分の仕事の守備範囲を越えているとも思えませんでしたが、よくよく聞いてみると、人事マターとは言え、待遇や予算にも影響する立派なマネージメントの守備範囲でした。

　私はそれを聞いて、前項のようなことを話しました。そうした提案に聞く耳を持たない上司が悪い、と感じるかもしれませんが、トップダウンの社会では、自分がまだそこまでの地位になっていないということを感じる必要もあります。

　もちろん、会社にとってリーダーをめざす気概のある人材が欲しいのは日系も外資系も同じです。これからは日系にいようが外資系にいようがスペシャリストとしての技能を磨くと同時に、マネージメント能力の向上にもつねに努めるべきです。

　しかし、今の自分にあてがわれた仕事の守備範囲はどこかという基本はつねに把握しておく必要があります。それ以下ではもちろんよい評価は得られないのですが、それを越えた場合も決してよい評価にはならないのです。

　彼女は私の言わんとしていることを目からウロコと感じてくれたらしく、「次の職場も外資系なので気をつけます」と言ってくれました。

　このように、日本の企業で働いている人にとって、いや日本人の常識として当たり前と思ってやっていることが、外資系では「ちょっと違う」となることがあるものです。この違いこそが、同じ〝株式会社〟という名前で行動している会社でありながら、各国の歴史や文化を引きずった成り立ちの違いによって、もたらされているものです。

（『外資系で働くということ』林謙二／平凡社新書）

(13) ［　1　］に当てはまる最も適切な言葉を選びなさい。

　　A　構成　　B　確保　　C　断念　　D　開発　　E　評価

(14) 次にあげた本文中の語句のうち、外資系企業の独特の特徴を表しているものを選びなさい。

　　ア　自分の守備範囲を守る
　　イ　リーダーをめざす気概
　　ウ　関係のない部門に口を出さない

　　A　アだけ　　B　イだけ　　C　ウだけ
　　D　アとイ　　E　アとウ　　F　イとウ

(15) 外資系企業で働く際に留意すべき点として繰り返し述べられていることとして、最も適切なものを選びなさい。

　　A　マネージメント能力　　B　守備範囲　　C　提案力
　　D　気概　　　　　　　　　E　常識

(16) 日本企業について本文中に述べられていることと合致するものを選びなさい。

　　ア　社員は意見や提案を絶対にしてはいけない。
　　イ　転職してきた社員は仕事の実力を認められて初めて発言できる。
　　ウ　優秀な社員は会社の改革案などをどんどん出す。

　　A　アだけ　　B　イだけ　　C　ウだけ
　　D　アとイ　　E　アとウ　　F　イとウ

(17) 外資系企業について本文中に述べられていることと合致するものを選びなさい。

　　ア　社員は上司に与えられた仕事を100%こなすことが基本である。
　　イ　マネージメントは下から提案が上がってくるのを待つような仕事の仕方はしない。
　　ウ　社員は仕事の守備範囲以上の仕事をして、初めて認められる。

　　A　アだけ　　B　イだけ　　C　ウだけ
　　D　アとイ　　E　アとウ　　F　イとウ

(18) 本文中の下線部　そこまでの地位　の指す内容として最も適切なものを選びなさい。

　　A　人事部のヘッド　　B　マネージメント　　C　スペシャリスト
　　D　外資系の社員　　　E　営業部門の社員

次の文を読んで、(19)から(23)までの5問に答えなさい。

　情緒社会になれている日本人相互の契約ならば、ルーズであっても、それなりにうまく解決できる場合でも、契約の拘束力について日本人よりもきびしい考えをもっている外国人との契約となると、そうはいかない。そこでは日本人的甘えは通用しないからである。今後は、国際化の時代において、日本人も異文化との接触がますます多くなるであろう。国際取引や世界市場に乗り出す企業はもとより、私たち市民が外国旅行や留学する場合であっても、異文化摩擦を生じないようにするためには、あらかじめ他民族やその国家の文化についてなにがしの知識を持っていないと、誤解のもとになる。

　このような視点からみれば、しばしば　　1　　についての差異は、文化摩擦の1つの原因ともなっていることに注意しよう。たとえば欧米の白人文化では、契約はキリスト教の教えとむすびついているから、契約の神聖さは神への誓いであり、これを破ることは神への冒瀆(ぼうとく)となる。アジア諸国には、またアジアの契約観がある。ひとしくアジアといっても、それぞれの国や民族によって異なる。中国には、裁判を前提とした欧米型の契約と異なり、裁判にしないための契約観があり、日本はそのいずれでもない。他の東南アジア諸国では、もともとの土着民族の契約観と、これらの国をかつて長い間にわたって植民地として支配してきた母国が持ちこんだ契約観とが複合的になっている等々。これらの契約観の差異は、法文化全体の差異の反映でもある。

　以上のべた日本社会における契約意識、すなわち客観的ルールによる拘束力の弱さは、何も日本人の気質のルーズさを意味するものではない。法文化なるものも、所詮(しょせん)は長い歴史の積み重ねをつうじてうまれたものである。そうであるとすれば、契約におけるルーズさも、契約（広く約束）が社会的弱者の利益を保障する機能を果たしてこなかったこと、むしろ弱者に対する強者の支配の道具として利用されてきたことに由来する。このような契約に、社会の弱者たる当事者が魅力を感じ、積極的自主的に契約を守るという意識にならないのは当然である。みせかけの契約を押しつけ、

これを守れというのは強者の論理である。

　日本社会で今後、契約尊重の意識を高めるためには、これまでのような強者中心の現実の契約構造を根本的に改めなければならない。この契約構造の転換はまた、契約をめぐる闘争である。企業と労働者・消費者の間の契約から、地主・家主と借地人・借家人との間の契約、現代社会のさまざまな付合契約、医者と患者との間の契約、行政と市民との間の契約、家族内契約などにいたるまで、現代日本の契約のあり方はこれでよいのか。本当に平等な当事者間のルールといえるものは、決して多くはない。

　日本社会は契約社会であると胸をはって自慢できる日が一日も早く来ることを期待したい。

（『法とは何か　新版』渡辺洋三／岩波新書）

(19) ［　1　］に当てはまる最も適切な言葉を選びなさい。

A　情緒　　B　契約観　　C　民族　　D　異文化　　E　植民地

(20) 契約について、本文中に述べられていることと合致するものを選びなさい。

　ア　日本人どうしの契約では、外国人には通用しないルーズさも許容される。
　イ　国際化の時代において、異文化摩擦をさけるためには、外国の民族や文化について知識を持つべきである。
　ウ　日本人の気質であるルーズさについて、外国の人にも理解を求める努力が必要である。

A　アだけ　　B　イだけ　　C　ウだけ
D　アとイ　　E　アとウ　　F　イとウ

（21）アジア諸国の契約について、本文中に述べられていることと合致するものを選びなさい。

　　ア　国や民族が違うと、契約観も違う。
　　イ　東南アジア諸国の契約観からは、もともとの土着民族の契約観は失われている。
　　ウ　中国の契約観は裁判を前提としていない。

　　A　アだけ　　B　イだけ　　C　ウだけ
　　D　アとイ　　E　アとウ　　F　イとウ

（22）法文化について、本文中に述べられていることと合致するものを選びなさい。

　　ア　社会的弱者の利益を保障するのが日本の法文化である。
　　イ　日本や欧米、中国、東南アジアなどの契約観が異なるのは、法文化全体の違いが反映されているからである。
　　ウ　日本は欧米型からアジア型の法文化体系に立ち戻るべきである。

　　A　アだけ　　B　イだけ　　C　ウだけ
　　D　アとイ　　E　アとウ　　F　イとウ

(23) 日本における契約の意識について、本文中に述べられていることと合致するものを選びなさい。

　　ア　強者中心の契約構造を改める必要がある。
　　イ　客観的ルールによる拘束力が弱い。
　　ウ　日本社会が契約社会であると自慢できない原因は、日本人のルーズな気質にある。

A　アだけ　　B　イだけ　　C　ウだけ
D　アとイ　　E　アとウ　　F　イとウ

（24）から（26）までの3問では、各問いのはじめにあげた文の意味や言葉の使い方から考えて、空欄に入れる語句として最も適切なものを、AからEの中から選びなさい。

（24）戦後の乱開発によって、多くの自然が失われたが、これを修復してよみがえらせる試みがなされている。[　　　]と背中合わせだったかつての公共事業と逆で、「自然再生型」と呼ばれる公共事業である。

　A　自然破壊　　　B　自然保護　　C　高度成長
　D　オイルショック　E　防災体制

（25）最底辺の生活を脱して成功をおさめた人の中には、[　　　]の価値観にとらわれてしまう人もいる。そうした人の最大の生きがいは、金や物、地位を所有することだ。

　A　未来　　B　金　　C　所有　　D　物　　E　地位

（26）現代人の[　①　]な身体感覚は鈍くなっているが、その一方、手指などの末梢的な神経や部分的な感覚では[　②　]になっているそうだ。

　　　　　　　①　　　②
　A　部分的　　末梢的
　B　総合的　　部分的
　C　末梢的　　敏感
　D　部分的　　敏感
　E　総合的　　敏感

（27）から（28）までの2問は、示された文章から論理的に導き出される事柄、あるいは示された文章を論理的に補う事柄などを考える問題です。**それぞれの設問の指示に従って、最も適切なものを、AからEの中から選びなさい。**なお、文章と選択肢で述べられていることに誤りはないものとします。

（27）次の文章から**導き出される記述**として最も適切なものを、AからEの中から選びなさい。

> 1300年たった法隆寺のヒノキの柱と新しいヒノキの柱とでは、どちらが強いかときかれたら、それは新しいほうさ、と答えるにちがいない。だが、その答えは正しくない。なぜなら、ヒノキは、切られてから2,300年の間は、強さや剛性がじわじわと増して2,3割も上昇し、その時期を過ぎて後、ゆるやかに下降する。その下がりカーブのところに法隆寺の柱が位置していて、新しい柱とほぼ同じくらいの強さになっているからである。つまり、木は切られた時に第一の生を断つが、建築の用材として使われると再び第二の生が始まって、その後、何百年もの長い歳月を生き続ける力をもっているのである。バイオリンは、古くなるほど音がさえるというが、それもこの材質の変化で説明できる。
>
> （『日本人と木の文化』小原二郎／朝日新聞社）

A　バイオリンはトウヒとカエデを組み合わせて作ったものが最も優れている。

B　ヒノキで作ったバイオリンは和風の響きがする。

C　古いバイオリンほど音色がよくなるのは、年とともに用材の剛性が増すからである。

D　鉄やプラスチックのような材料は、古いものほど弱くなる。

E　ヒノキは生育した土地で建築用材に加工されることが望ましい。

(28) 次の文章で述べられていることの**具体例**として最も適切なものを、AからEの中から選びなさい。

流動性としての貨幣がその本領を発揮するのは人々が不確実性に直面し、物品の購入にさいして迷いが生じるときである。すなわち将来に暗雲が立ちこめ、先がよく見通せないとき、人は貨幣を保持することによって決断を先のばしすることができるのである。流動性としての貨幣は事態を特定の状態に固定化せずに白紙のままにしておくための手段である。貨幣と特定の物との関係は、たとえていえば粘土と焼き物の関係である。

（『市場社会の思想史』間宮陽介／中公新書）

A 粘土を粘土のまま持たず、ただちに焼き物に加工してしまうのがよい。
B よい器に出合ったときは、迷わずに購入すべきである。
C 芸術的な器にはたんなる器以上の価値がある。
D 現在あまり評価されていない器は、今後も評価が高くなる見込みはない。
E どのような器を作ったらいいか迷ったら、粘土のまま保管していたほうがよい。

NMAT 検査 I 解答と解説

※言葉の定義は『大辞林第三版』(三省堂)から引用しました。

(1)

文章中の空欄を埋める形で接続語を選ぶ問題です。接続語には、以下のような種類があります。

接続語一覧

種類	接続語
順接 前の文を受けて、文が続く。	だから・したがって・ゆえに・それゆえ・すると・そうすると・ですから
逆接 前の文を否定する文が続く。	しかし・だが・けれども・ところが・だけど・しかしながら・それなのに・それでも
並立・添加 前の文と同じ関係の文が続く。 前の文に付け加える。	また・なお・さらに・および・そして・そうして・しかも・おまけに・そのうえ
説明・補足・例示 前の文を説明する。	つまり・なぜならば・すなわち・たとえば・もっとも・ただし
対比 前の文と違うものを比べる関係。 逆接との違いは否定していないこと。	あるいは・または・もしくは・それとも
話題転換 違う話題に移る。	さて・では・ところで・ときに

(SPIノートの会調べ)

(1)の問題では、空欄の3つ前の文「おもしろいことに」から、空欄の次の文「がん細胞では『老化遺伝子』がうまく働いていない」まで、がん細胞の老化について述べられています。

冒頭から39〜42行目（第13段落）の要旨

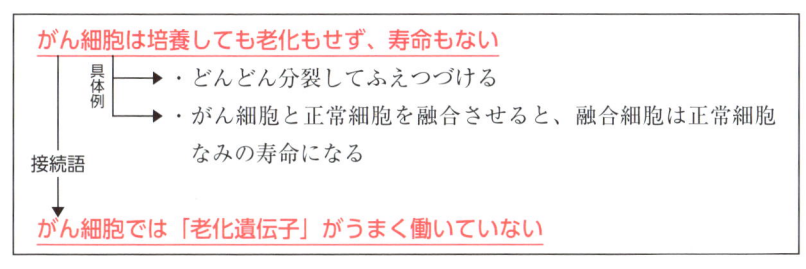

```
がん細胞は培養しても老化もせず、寿命もない
         │具体
         │例  → ・どんどん分裂してふえつづける
         └──→ ・がん細胞と正常細胞を融合させると、融合細胞は正常細胞
                 なみの寿命になる
接続語
  ↓
がん細胞では「老化遺伝子」がうまく働いていない
```

「どんどん分裂してふえつづける」「がん細胞と正常細胞を融合させると、融合細胞は正常細胞なみの寿命になる」は、「がん細胞は培養しても老化もせず、寿命もない」ことの具体的な例です。これらをまとめて言い換え、説明しているのが、空欄の次の「がん細胞では『老化遺伝子』がうまく働いていない」です。

　選択肢の中で適切な言葉はDの「つまり」です。

【正解】D

(2)

　下線部「これ」を含む文の次に「結論からいうと、これら2つの説のどちらが正しいのかよくわからない」と述べられていることから、本文では、ここまで2つの説が説明されてきたことが推測できます。

　「説」に注目して冒頭から本文を見ると、生物の老化や寿命決定のしくみに関して、大きく2つの説（考え方）が提示されていることがわかります。

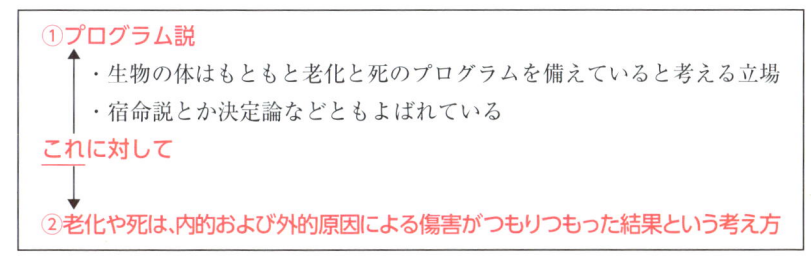

```
①プログラム説
   ・生物の体はもともと老化と死のプログラムを備えていると考える立場
   ・宿命説とか決定論などともよばれている
これに対して
   ↓
②老化や死は、内的および外的原因による傷害がつもりつもった結果という考え方
```

「これ」が指し示しているのは、Aの「プログラム説」です。

【正解】A

(3)

下線部「これらの遺伝子」の前後で、「がん遺伝子」と「がん抑制遺伝子」について述べられています。

冒頭から43〜46行目（第14段落）

> 正常細胞にはがん化をひきおこす「**がん遺伝子**」と、がん化を抑制する「**がん抑制遺伝子**」があり、これらの遺伝子に変異がおきて、**がん遺伝子**が活性化され、また**抑制遺伝子**の働きが損なわれるとがん化がおこることが明らかになってきた。

下線部「これらの遺伝子」には、「がん遺伝子」「がん抑制遺伝子」の両方が含まれます。該当するのは**ア**の「がん遺伝子」と**ウ**の「がん抑制遺伝子」です。

【正解】 E

(4)

本文では、生物の寿命決定のしくみについて「プログラム説」と「内的および外的原因による傷害がつもりつもった結果」の2つの説が提示されています。

一卵性双生児は、誕生後はそれぞれ異なる内的、外的な傷害を受けて生きていきます。同じ受精卵から生じたからといって、2人の人間が生まれてから死ぬまでまったく同じ環境にいるわけではありません。

ここから、一卵性双生児の寿命が酷似している理由として考えられる原因は「プログラム説」です。**A**の「このデータはプログラム説を支持する」が正解です。

【正解】 A

(5)

選択肢が本文と合致するかどうか、1つずつ見ていきます。

○ア プログラム説とは、遺伝子の中に老化の進み方があらかじめ決められているというものである。

冒頭から3〜9行目（第2〜3段落）

> 1つは<u>プログラム説</u>と呼ばれるものである。<u>生物の体はもともと老化と死のプログラムを備えていると考える立場</u>で、宿命説とか決定論などともよばれている。
>
> 動物の体は受精卵が細胞分裂をくり返し、またいろいろな種類の細胞に分化してできあがっていく。<u>DNAの中に、この発生と分化のプロセスのプログラムが入っていることにうたがいはない。老化と死は、この延長線上にあるのではないかというわけである。</u>

選択肢と本文の内容が合致します。

×イ プログラム説は老化を説明する定説となっている。

本文では、「プログラム説」と、「老化や死は、さまざまな内的および外的原因による傷害がつもりつもった結果」とする説の両方が提示されていますが、プログラム説が老化を説明する定説と述べた箇所はありません。
※「定説」とは「正しいと認められている説」のことです。

✗ウ　細胞は条件さえ良ければ無限に分裂を繰り返すことができる。

冒頭から30〜33行目（第11段落）

> 細胞を何度もうえついでいくと、だんだん分裂のスピードがおそくなり、やがて細胞はもはや分裂できなくなる。人間の胎児からとった細胞の多くは、約50回が分裂限界である。

細胞の分裂には限界があることが述べられています。選択肢の「無限に分裂を繰り返すことができる」とは合致しません。

【正解】A

(6)

細胞に老化がプログラムされている理由を本文から探します。第3〜4段落で、関係する内容が述べられています。

冒頭から7〜13行目（第3〜4段落）

> DNAの中に、この発生と分化のプロセスのプログラムが入っていることにうたがいはない。老化と死は、この延長線上にあるのではないかというわけである。
>
> 　なぜ老化し死ぬことをプログラムとして入れておくのかといえば、生殖行為を終えたものは、同じ種の若い動物にとって、食物をとり合う競争相手になるだけなので、「種の保存」という点から見ると、いない方がよい存在だからと考えられる。

細胞に老化がプログラムされている理由は、「生殖行為を終えたものは（略）『種の保存』という点から見ると、いない方がよい存在だから」と述べられています。Eの「種の保存という点から見て、生殖行為を終えたものは、いない方がよい存在だから」とほぼ同じです。

【正解】E

(7)

空欄の前後の文から、空欄に入る言葉を推測します。

空欄の前

「する」という日本語が、いかに融通無碍（ゆうずうむげ）であるかは、こころみに辞書を引いてみれば、びっくりするほどだ。

空欄の後

『広辞苑』の用例を一瞥（いちべつ）すると、そこには「音がする」「頭痛がする」「価（あたい）する」「子供を医者にする」「朝食はパンにする」……など、じつにさまざまな「する」の用法が列記されている。

空欄の前の文では「する」について辞書を引くこと、空欄の後の文では引いた後でわかるさまざまな用法が述べられています。つまり、空欄の後の「する」のさまざまな用法は、空欄の前の文の具体例です。正解は **B** の「たとえば」です。

【正解】 **B**

(8)

選択肢が本文と合致するかどうか、1つずつ見ていきます。

✕ ア　日本語は冠詞による動詞の変化が難しい言語である。

冒頭から21〜23行目（第5段落）

> 日本語は体言に活用がなく、ただ格助詞をつければ語として成り立つという特質を持っているからである。さらに冠詞、性別、単数・複数にこだわらず、それらによる動詞の変化も必要としないためだ。

日本語は冠詞や性別、単数・複数にこだわらず、動詞の変化も必要としないと述べられています。

冠詞とは英語などで名詞の前につく語です。「a」とか「the」などが冠詞です。日本語にはそもそも冠詞がありません。

✕ イ　マスコミによって日本語は急激な発達をとげた。

本文中に、マスコミと日本語の関係について述べた箇所はありません。

〇 ウ　「する」という動詞は応用範囲が広い。

冒頭から10〜11行目（第2段落）

> 「する」という日本語が、いかに融通無碍であるかは、こころみに辞書を引いてみれば、びっくりするほどだ。

「融通無碍」とは「何ものにもとらわれることなく自由である」という意味です。「応用範囲が広い」の言い換えとして適切です。

【正解】　ウ

(9)

「そのすべて」は、それより前（冒頭から24〜27行）で述べられている、日本における外国語の輸入の事情を述べた箇所にかかっています。

冒頭から24〜27行目（第6段落）

> こうした日本語の構造が、ᵢ外国語の輸入を大いに容易にした。そこで明治になると、こんどはヨーロッパ語がつぎつぎに流入してᵃ「和製漢語」に置き換えられ、さらに第二次大戦後にはアメリカ語が手当たりしだいにカタカナに移されてᵃ「和製英語」が氾濫することになったのである。

○ア　外国語の和製漢語と和製英語への置き換え
本文に含まれています。

○イ　日本への外国語の輸入
本文に含まれています。

✕ウ　日本語は体言に活用がないこと
冒頭から24〜27行目で述べられている、外国語の輸入の事情には含まれていません。

【正解】D

(10)

下線部「これ」が指す内容は、その前にある「みんなで考えなければならない大事な問題について、新聞がこのような外来語を勝手な用法でつたえる」です。その具体例が、「アセスする」という言葉の使用例です。

選択肢のうち、下線部「これ」が指す内容を最も適切に表しているのはEの「外来語を安易に使用すること」です。

【正解】E

(11)

選択肢が本文と合致するかどうか、1つずつ見ていきます。

○ア　融通無碍な日本語の性質は外国語の概念を取り込む上で大変便利だった。

冒頭から10〜11行目（第2段落）

> 「する」という日本語が、いかに融通無碍であるかは、こころみに辞書を引いてみれば、びっくりするほどだ。

冒頭から21〜24行目（第5〜6段落）

> 日本語は体言に活用がなく、ただ格助詞をつければ語として成り立つという特質を持っているからである。さらに冠詞、性別、単数・複数にこだわらず、それらによる動詞の変化も必要としないためだ。
> こうした日本語の構造が、外国語の輸入を大いに容易にした。

「する」という日本語が融通無碍であること、日本語の特質として外国語を取り入れやすかったことが述べられており、合致します。

○イ　わかっていないのに、わかったように思い込むことは思索にとって敵である。

冒頭から48〜49行目（第10段落）

> わかっていないのに、わかったように思い込む、これが思索の最大の敵である。

選択肢と本文の内容が合致します。

✕ウ　外国語を日本語に取り込むことに遠慮をしていては、哲学の発展を阻害する。

本文中で哲学の発展について述べた箇所はありません。

【正解】D

(12)

「いとも簡単に外国語を借用できる」理由として、選択肢が本文と合致しているかどうかを見ていきます。

✕ ア　日本人は新しい観念を獲得するのが得意だから。

「新しい観念を獲得」は外国語を借用した結果の話で、理由ではありません。

〇 イ　日本語は体言に活用がなく、ただ格助詞をつければ語として成り立つという特質を持っているから。

冒頭から21～23行目（第5段落）

> 日本語は体言に活用がなく、ただ格助詞をつければ語として成り立つという特質を持っているからである。さらに冠詞、性別、単数・複数にこだわらず、それらによる動詞の変化も必要としないためだ。

選択肢と本文の内容が合致します。

✕ ウ　わかっていないのに、わかったように思い込むのが日本人の特性だから。

わかったように思い込むのが日本人の特性だと述べた箇所はなく、外国語を借用できる理由とも関係ありません。

【正解】　B

(13)

空欄の前後の文から、空欄に入る言葉を推測します。

冒頭から27〜30行目（第5段落）

> ある外資系企業の人事部のヘッドをしていた日本人女性が仕事を辞めたと私に連絡してきました。普通辞める前の相談が多いのですが、彼女の場合はすでに次の職場を｜　1　｜していたので、明るいトーンで辞めた理由を説明してくれました。

日本人女性が仕事を辞めた話の一部です。空欄の後で、「明るい」状態であったことが書いてあります。「次の職場が決まっていたので、明るいのだ」ということが推測できます。「次の職場が決まっていた」という内容にするために適切なのはBの「確保」です。

【正解】　B

(14)

選択肢が本文と合致するかどうか、1つずつ見ていきます。

○ア　自分の守備範囲を守る

冒頭から3〜4行目（第1段落）

> したがって、自分の仕事の守備範囲というものがはっきりと決まっています。

冒頭から10〜11行目（第3段落）

> 日本にある外資系に就職した場合、そのことが自分の守備範囲に入っているかどうか気をつけないといけません。

選択肢と本文の内容が合致します。

✗イ　リーダーをめざす気概

冒頭から40〜41行目（第8段落）

> もちろん、会社にとってリーダーをめざす気概のある人材が欲しいのは日系も外資系も同じです。

外資系企業だけの特徴ではないので、間違いです。

○ウ　関係のない部門に口を出さない

冒頭から12〜14行目（第3段落）

> どう見ても関係のない部門についての提案はマイナスにすら取られかねません。

選択肢と本文の内容が合致します。

【正解】E

(15)

　本文では、第1段落で外資系企業について「自分の仕事の守備範囲というものがはっきりと決まっています」（冒頭から3〜4行目、第1段落）と述べられています。また、日本にある外資系企業で働くときの注意点として「守備範囲」が挙げられています（冒頭から10〜11行目、第3段落）。

　さらに、本文の後半で「今の自分にあてがわれた仕事の守備範囲はどこかという基本はつねに把握しておく必要があります」（冒頭から44〜45行目、第9段落）とあります。ここから、外資系企業で働くときに留意すべき点として繰り返し述べられていることとして、最も適切なものは、Bの「守備範囲」と言えます。

【正解】B

(16)

選択肢が本文と合致するかどうか、1つずつ見ていきます。

✕ ア　社員は意見や提案を絶対にしてはいけない。

　日本企業で、意見や提案を言う人のことは述べられていますが、それをしてはいけない、とは述べられていません。

✕ イ　転職してきた社員は仕事の実力を認められて初めて発言できる。

　日本企業で、転職してきた社員のことについて述べた箇所はありません。

◯ ウ　優秀な社員は会社の改革案などをどんどん出す。

冒頭から5〜8行目（第2段落）

> 企業イコール自分という働き方、特に実力がありバリバリと仕事をこなす人ほど、会社全体を考え、会社の経営に自らも参画しているがごとき行動をとりがちです。会社にとってよいと思えることはどんどん発言し、改革案などを出したりします。

　選択肢と本文の内容が合致します。

【正解】C

(17)

選択肢が本文と合致するかどうか、1つずつ見ていきます。

◯ ア　社員は上司に与えられた仕事を100％こなすことが基本である。

冒頭から22〜23行目（第4段落）

> ただ、基本は自分に与えられた仕事を100％こなすこと、と思った方がよいでしょう。

　選択肢と本文の内容が合致します。

〇イ　マネージメントは下から提案が上がってくるのを待つような仕事の仕方はしない。

冒頭から18～20行目（第4段落）

> そして日本にある外資系企業のマネージメントは、その人が外国人であろうと日本人であろうと、下から提案が上がってくるのを待っているタイプではありません。

選択肢と本文の内容が合致します。

✕ウ　社員は仕事の守備範囲以上の仕事をして、初めて認められる。

外資系企業では守備範囲を越えずに仕事をすることが大事というのが本文の主旨で、その逆のことは述べられていません。

【正解】D

(18)

本文中の女性の提案に、上司が聞く耳を持たなかった理由は、その女性が提案をしてもよい地位にいなかったからです。また、この長文では、企業における個人の仕事の範囲を「守備範囲」という言葉で表しています。このことを踏まえて本文をさかのぼっていくと、第6段落にこの2点に該当する文があります。

冒頭から32～35行目（第6段落）

> 提案の中身は人事規程に関することですから、自分の仕事の守備範囲を越えているとも思えませんでしたが、よくよく聞いてみると、人事マターとは言え、待遇や予算にも影響する立派なマネージメントの守備範囲でした。

この話で、上司に提案をしてよい地位とは「マネージメント」であることがわかります。

【正解】B

(19)

　空欄を含む文は「このような視点からみれば」で始まっています。「このような視点」は、前の段落を受けています。

空欄を含む文の前の段落（要旨）

> ①外国人との契約には日本人的な甘えは通用しない
> 　→日本人と外国人は考え方に違いがあり、それが契約にも表れている。
> ②異文化との接触において摩擦を生じないようにするためには、他民族やその国家の文化についての前提知識が必要である
> 　→異文化摩擦は相手について知ることで防ぐことができる。

　空欄を含む文の「このような視点」は、上記①と②の考え方のことです。何かについての違いを述べているのは①で、契約の考え方（契約観）です。

　また、空欄を含む文の次からは、「たとえば」として「欧米の白人文化」「アジア諸国」などを例にしてそれぞれの契約観の違いが述べられています。ここから、空欄を含む文の「　1　についての差異」は、契約観の違いのことだとわかります。

【正解】　B

(20)

選択肢が本文と合致するかどうか、1つずつ見ていきます。

○ ア　日本人どうしの契約では、外国人には通用しないルーズさも許容される。

冒頭から1～3行目（第1段落）

> 情緒社会になれている日本人相互の契約ならば、ルーズであっても、それなりにうまく解決できる場合でも、契約の拘束力について日本人よりもきびしい考えをもっている外国人との契約となると、そうはいかない。

日本人どうしの契約ではルーズさがあっても許容されるが、外国人との契約では許容されないことが述べられています。

○ イ　国際化の時代において、異文化摩擦をさけるためには、外国の民族や文化について知識を持つべきである。

冒頭から4～9行目（第1段落）

> 今後は、国際化の時代において、日本人も異文化との接触がますます多くなるであろう。国際取引や世界市場に乗り出す企業はもとより、私たち市民が外国旅行や留学する場合であっても、異文化摩擦を生じないようにするためには、あらかじめ他民族やその国家の文化についてなにがしかの知識を持っていないと、誤解のもとになる。

選択肢と本文の内容が合致します。

✕ ウ　日本人の気質であるルーズさについて、外国の人にも理解を求める努力が必要である。

本文中に、日本人の気質を理解してもらうことについて述べた箇所はありません。

【正解】D

(21)

選択肢が本文と合致するかどうか、1つずつ見ていきます。

○ア 国や民族が違うと、契約観も違う。
冒頭から11〜15行目（第2段落）

> 欧米の白人文化では、契約はキリスト教の教えとむすびついているから、契約の神聖さは神への誓いであり、これを破ることは神への冒瀆となる。アジア諸国には、またアジアの契約観がある。ひとしくアジアといっても、それぞれの国や民族によって異なる。

欧米の白人文化とアジア諸国では契約観が違うこと、さらに、アジア諸国でも国や民族によって契約観が違うことが述べられています。選択肢と本文の内容が合致します。

×イ 東南アジア諸国の契約観からは、もともとの土着民族の契約観は失われている。
冒頭から17〜19行目（第2段落）

> 他の東南アジア諸国では、もともとの土着民族の契約観と、これらの国をかつて長い間にわたって植民地として支配してきた母国が持ちこんだ契約観とが複合的になっている等々。

「もともとの土着民族の契約観」は、植民地として支配してきた母国の契約観と複合的になっており、失われたとは言えません。

○ウ 中国の契約観は裁判を前提としていない。
冒頭から15〜16行目（第2段落）

> 中国には、裁判を前提とした欧米型の契約と異なり、裁判にしないための契約観があり、

選択肢と本文の内容が合致します。

【正解】 E

(22)

選択肢が本文と合致するかどうか、1つずつ見ていきます。

✗ ア 社会的弱者の利益を保障するのが日本の法文化である。

冒頭から22～26行目（第3段落）

> 法文化なるものも、所詮（しょせん）は長い歴史の積み重ねをつうじてうまれたものである。そうであるとすれば、契約におけるルーズさも、契約（広く約束）が社会的弱者の利益を保障する機能を果たしてこなかったこと、むしろ弱者に対する強者の支配の道具として利用されてきたことに由来する。

日本の法文化として、本文で述べられている内容では契約におけるルーズさが該当しますが、その法文化は「弱者に対する強者の支配の道具として利用されてきたことに由来する」と述べられています。「社会的弱者の利益を保障」とは逆です。

○ イ 日本や欧米、中国、東南アジアなどの契約観が異なるのは、法文化全体の違いが反映されているからである。

冒頭から19～20行目（第2段落）

> これらの契約観の差異は、法文化全体の差異の反映でもある。

「これらの契約観」とは、欧米の白人文化、中国、日本、東南アジア諸国を例に説明された契約観のことです。本文で例示されたこれらの契約観の違いは、法文化全体の差異の反映であると述べられています。

✗ ウ 日本は欧米型からアジア型の法文化体系に立ち戻るべきである。

本文には、日本の法文化体系が欧米型だという記述も、アジア型の法文化体系に立ち戻るべきという記述もありません。

【正解】　B

(23)

選択肢が本文と合致するかどうか、1つずつ見ていきます。

〇ア　強者中心の契約構造を改める必要がある。
冒頭から30～31行目（第4段落）

> 日本社会で今後、契約尊重の意識を高めるためには、これまでのような強者中心の現実の契約構造を根本的に改めなければならない。

選択肢と本文の内容が合致します。

〇イ　客観的ルールによる拘束力が弱い。
冒頭から21～22行目（第3段落）

> 以上のべた日本社会における契約意識、すなわち客観的ルールによる拘束力の弱さは、何も日本人の気質のルーズさを意味するものではない。

選択肢と本文の内容が合致します。

✕ウ　日本社会が契約社会であると自慢できない原因は、日本人のルーズな気質にある。
冒頭から21～22行目（第3段落）

> 以上のべた日本社会における契約意識、すなわち客観的ルールによる拘束力の弱さは、何も日本人の気質のルーズさを意味するものではない。

日本人の契約意識の弱さと、ルーズな気質かどうかは別物であると述べられています。日本社会が契約社会であると自慢できない原因が、日本人のルーズな気質にあるとは言えません。

【正解】D

(24)

空欄を含む文の「『自然再生型』と呼ばれる公共事業」は、1文目の「これを修復してよみがえらせる試み」のことを指しています。同様に、空欄を含む文の「かつての公共事業」は「戦後の乱開発」のことを指しています。

空欄の前の文

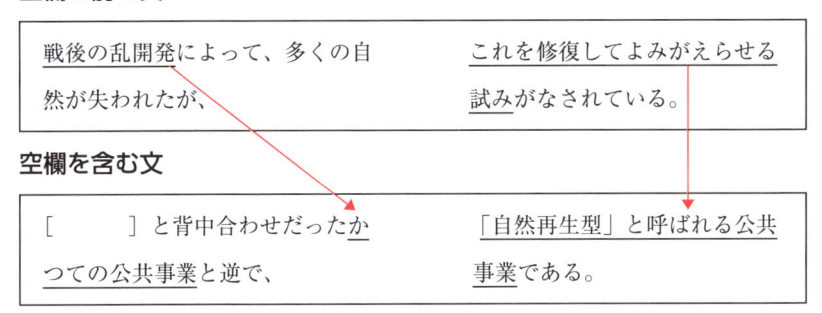

| 戦後の乱開発によって、多くの自然が失われたが、 | これを修復してよみがえらせる試みがなされている。 |

空欄を含む文

| [　　　]と背中合わせだったかつての公共事業と逆で、 | 「自然再生型」と呼ばれる公共事業である。 |

空欄には、「多くの自然が失われた」の言い換えとなる言葉が入ります。選択肢で最も適切なのは**A**の「自然破壊」です。

【正解】A

(25)

空欄を含む文の次に「そうした人の最大の生きがいは、金や物、地位を所有することだ」とあります。選択肢のうち、**B**の「金」、**D**の「物」、**E**の「地位」は所有するものの1つしか指さないことになるので、適切ではありません。3つを含むものとして適切なのは**C**の「所有」です。

なお、**A**の「未来」については、文章中には「未来の価値観」につながる内容がありません。

【正解】C

(26)

設問文は、空欄①を含む箇所と空欄②を含む箇所を「その一方」という言葉でつないだ対比の文です。対比している内容を見ると、空欄①、②に入る内容が推測できます。

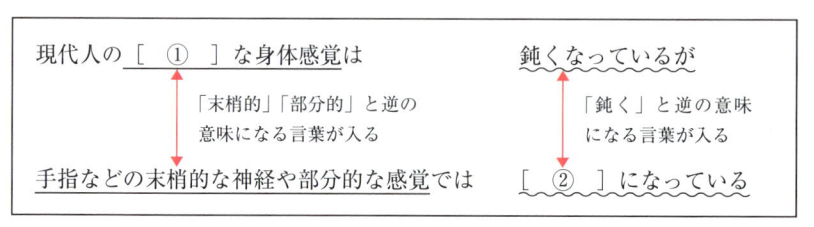

現代人の [①] な身体感覚は	鈍くなっているが
↕「末梢的」「部分的」と逆の意味になる言葉が入る	↕「鈍く」と逆の意味になる言葉が入る
手指などの末梢的な神経や部分的な感覚では	[②] になっている

空欄①には「末梢的」「部分的」と逆の意味になる言葉が入ります。B、Eの「総合的」が当てはまりそうです。

BとEのもう1つの言葉から、空欄②に当てはまる適切な言葉はどれかを見ます。「鈍く」の逆の意味の言葉として適切なのは「敏感」です。

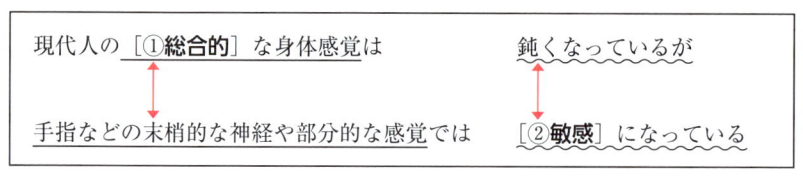

現代人の [①**総合的**] な身体感覚は	鈍くなっているが
手指などの末梢的な神経や部分的な感覚では	[②**敏感**] になっている

【正解】E

(27)

建築の用材としての木について述べた文章です。ここから論理的に導き出される記述として、最も適切なものを選びます。

✗ A　バイオリンはトウヒとカエデを組み合わせて作ったものが最も優れている。

設問で示された文章には、バイオリンを作るときに、最も優れた木の組み合わせが何かを導き出せる記述はありません。

✗ B　ヒノキで作ったバイオリンは和風の響きがする。

　設問で示された文章では、ヒノキは法隆寺の柱の話でのみ触れられています。そもそもヒノキで作ったバイオリンが存在するかどうかはこの文章からは導き出せません。従って、その響きについても論理的に導き出せる記述はありません。

○ C　古いバイオリンほど音色がよくなるのは、年とともに用材の剛性が増すからである。

　設問で示された文章では、木が用材として使われた後に第二の生が始まって、その後、何百年もの長い歳月を生き続ける力を持っていることが述べられています。「バイオリンは、古くなるほど音がさえるというが、それもこの材質の変化で説明できる」の「材質の変化」は「用材の剛性が増す」ことと一致します。

✗ D　鉄やプラスチックのような材料は、古いものほど弱くなる。

　設問で示された文章には、木以外の材料の強さや耐久性について論理的に導き出せる記述はありません。

✗ E　ヒノキは生育した土地で建築用材に加工されることが望ましい。

　設問で示された文章には、木の生育地や加工場所について論理的に導き出せる記述はありません。

【正解】C

(28)

「流動性としての貨幣」について述べた文章です。述べられていることの具体例として、最も適切なものを選びます。

✕ A　粘土を粘土のまま持たず、ただちに焼き物に加工してしまうのがよい。

✕ B　よい器に出合ったときは、迷わずに購入すべきである。

　A、Bはどちらも、「ただちに」「迷わずに」とすぐに決断して実行する内容です。「先がよく見通せないとき、（略）決断を先のばしすることができるのである」と述べられている文章の具体例として適切ではありません。

✕ C　芸術的な器にはたんなる器以上の価値がある。

✕ D　現在あまり評価されていない器は、今後も評価が高くなる見込みはない。

　C、Dはどちらも、物に付属する価値やその評価についての内容です。「流動性としての貨幣」の具体例として適切ではありません。

〇 E　どのような器を作ったらいいか迷ったら、粘土のまま保管していたほうがよい。

　設問で示された文章には、「先がよく見通せないとき、人は貨幣を保持することによって決断を先のばしすることができるのである」とあります。

　これを粘土と焼き物の関係に適切に例えています。これが正解です。

【正解】E

検 査 Ⅱ

● 設問ごとに5～10の選択肢があります。
　正しいと思うものを1つだけ選んで、
　回答用紙のマークの文字が見えなくなるまで、
　鉛筆で黒く、濃く、塗りつぶしてください。

（例）
Ⓐ ● Ⓒ Ⓓ Ⓔ
Ⓐ Ⓑ Ⓒ Ⓓ Ⓔ Ⓕ Ⓖ Ⓗ ● Ⓙ

● 問題数は多めになっていますので、
　あせらずに、落ち着いて解いてください。

● 検査Ⅱの問題数は27問、検査時間は35分です。

（※この扉はオリジナルの問題冊子の表紙を再現したものです。本書にはマークシートはついていません）

次の資料を使って、(1) から (3) までの3問に答えなさい。

下表は、P、Q、R、Sの4社の輸出額とその内訳を示したものである。

	輸出先の割合 (%)					総額 (億円)
	北米	アジア	欧州	その他	計	
P社	34	ア	27	12	100	42.0
Q社	12	34	28	26	100	94.0
R社	24	53	8	15	100	イ
S社	35	21	25	19	100	80.0

(1) 表中の空欄 ア に入る値は、次のうちどれか。

- A　12
- B　17
- C　25
- D　27
- E　29
- F　30
- G　32
- H　34
- I　35
- J　AからIのいずれでもない

(2) R社の北米への輸出額は、6.0億円であるという。表中の空欄 イ に入る値は、次のうちどれか（必要なときは、最後に小数点以下第2位を四捨五入すること）。

- A　11.3
- B　15.0
- C　17.1
- D　21.0
- E　24.0
- F　25.0
- G　28.6
- H　32.3
- I　40.0
- J　AからIのいずれでもない

（3）Q社の欧州への輸出額は、S社の欧州への輸出額の何倍か（必要なときは、最後に小数点以下第2位を四捨五入すること）。

A 0.7倍　　F 1.2倍
B 0.8倍　　G 1.3倍
C 0.9倍　　H 1.4倍
D 1.0倍　　I 1.5倍
E 1.1倍　　J AからIのいずれでもない

次の説明を読んで、（4）と（5）の2問に答えなさい。

　J、K、L、M、Nの5つの国の人口を比較したところ、次のことがわかった。

　　Ⅰ）KはMより人口が少ない
　　Ⅱ）NはMより人口が少ない
　　Ⅲ）5つの国のうち、人口が最も多いのはMではない
　　Ⅳ）5つの国の人口には等しいものはない

（4）次の推論ア、イ、ウのうち、必ずしも誤りとはいえないものはどれか。

　　ア　最も人口が多いのはLである
　　イ　最も人口が少ないのはNである
　　ウ　Mの人口は2番目に少ない

A　アだけ　　　　　E　アとウの両方
B　イだけ　　　　　F　イとウの両方
C　ウだけ　　　　　G　アとイとウのすべて
D　アとイの両方　　H　ア、イ、ウのいずれも誤りである

（5）はじめに述べたⅠ）からⅣ）のほかに、さらに次の2つのことがわかった。

　　Ⅴ）LはMよりも人口が多い
　　Ⅵ）人口が最も多いのはLではない

このほかに、次の**カ**、**キ**、**ク**のうち、少なくともどの条件が加われば、5つの国の人口の多少が決まるか。

カ　JはNより人口が多い
キ　KはLより人口が少ない
ク　KはNより人口が少ない

A **カ**だけ　　　　　E **カ**と**ク**の両方
B **キ**だけ　　　　　F **キ**と**ク**の両方
C **ク**だけ　　　　　G **カ**と**キ**と**ク**のすべて
D **カ**と**キ**の両方　H **カ**、**キ**、**ク**のすべてが加わっても決まらない

次の説明を読んで、（6）から（8）までの3問に答えなさい。

　ある会社では、賃貸住宅に入居している社員に住宅補助を支給している。住宅補助額は家賃、居住面積、扶養家族の有無により、図に示す手順で算出している。

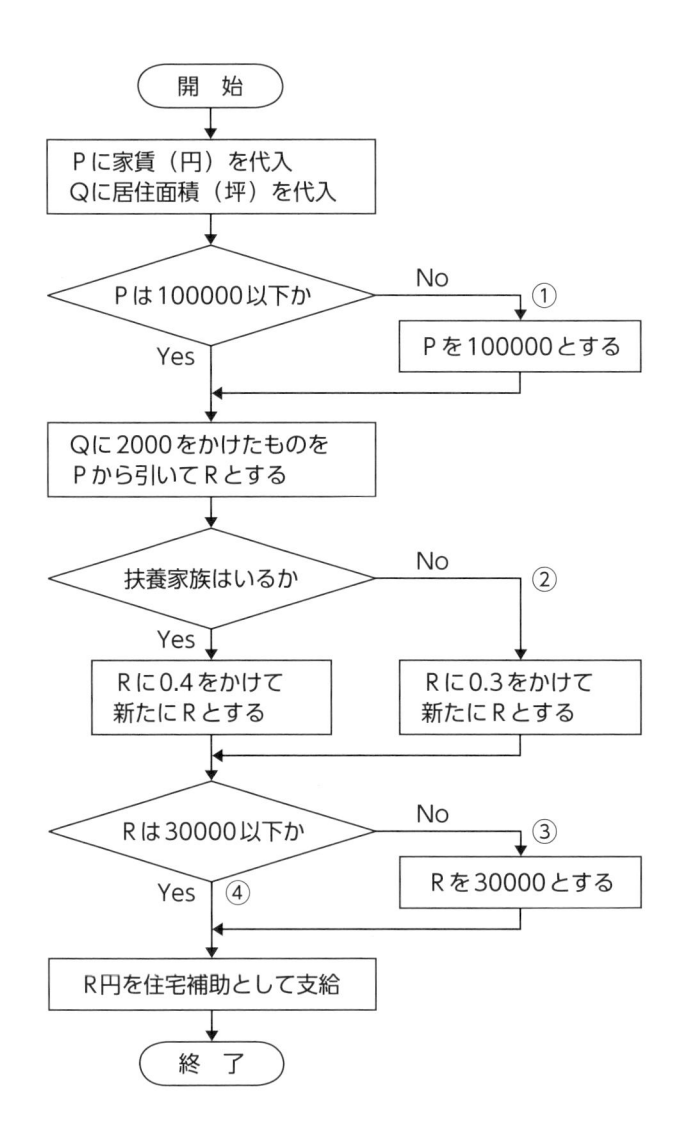

```
                    ┌─────────┐
                    │  開　始  │
                    └────┬────┘
                         ↓
              ┌──────────────────────┐
              │ Pに家賃（円）を代入    │
              │ Qに居住面積（坪）を代入 │
              └──────────┬───────────┘
                         ↓
                    ╱─────────╲         No      ①
                   ╱ Pは100000 ╲──────────────→┌──────────────┐
                   ╲  以下か    ╱               │ Pを100000とする │
                    ╲─────────╱                └──────┬───────┘
                     Yes ↓                            │
                         ←────────────────────────────┘
              ┌──────────────────────┐
              │ Qに2000をかけたものを  │
              │ Pから引いてRとする     │
              └──────────┬───────────┘
                         ↓
                    ╱─────────╲         No      ②
                   ╱ 扶養家族は ╲──────────────┐
                   ╲ いるか     ╱               │
                    ╲─────────╱                ↓
                     Yes ↓                ┌──────────────┐
              ┌──────────────┐           │ Rに0.3をかけて │
              │ Rに0.4をかけて │           │ 新たにRとする  │
              │ 新たにRとする  │           └──────┬───────┘
              └──────┬───────┘                   │
                     ←────────────────────────────┘
                         ↓
                    ╱─────────╲         No      ③
                   ╱ Rは30000  ╲──────────────→┌──────────────┐
                   ╲  以下か    ╱               │ Rを30000とする │
                    ╲─────────╱                └──────┬───────┘
                     Yes ↓ ④                          │
                         ←────────────────────────────┘
              ┌──────────────────────┐
              │ R円を住宅補助として支給 │
              └──────────┬───────────┘
                         ↓
                    ┌─────────┐
                    │  終　了  │
                    └─────────┘
```

（6）家賃が75000円、居住面積が9坪の賃貸住宅に住んでいて扶養家族のいない社員の場合、住宅補助額はいくらになるか。

- A　10000円
- B　14400円
- C　17100円
- D　20000円
- E　22500円
- F　22800円
- G　24600円
- H　27900円
- I　30000円
- J　AからIのいずれでもない

（7）家賃が90000円、居住面積が12坪の賃貸住宅に住んでいて扶養家族のいる社員の場合、図中の経路①、②、③のうち通るものはどれか。

- A　①だけ
- B　②だけ
- C　③だけ
- D　①と②の両方
- E　①と③の両方
- F　②と③の両方
- G　①と②と③のすべて
- H　①、②、③のいずれも通らない

（8）次のア、イ、ウのうち、図中の経路④を通って終了するものはどれか。AからHまでの中から正しいものを1つ選びなさい。

	家賃	居住面積	扶養家族の有無
ア	82000円	8坪	なし
イ	97000円	10坪	あり
ウ	112000円	15坪	あり

- A　アだけ
- B　イだけ
- C　ウだけ
- D　アとイの両方
- E　アとウの両方
- F　イとウの両方
- G　アとイとウのすべて
- H　ア、イ、ウのいずれも通らない

次の説明を読んで、（**9**）と（**10**）の2問に答えなさい。

　社員180名に対して、出張に関するアンケート調査を行ったところ、次のような結果を得た。

調査項目	はい	いいえ
アメリカに出張したことがあるか	75人	105人
カナダに出張したことがあるか	40人	140人
中国に出張したことがあるか	60人	120人

（**9**）アメリカにもカナダにも出張したことがある人は15人いた。アメリカとカナダのどちらにも出張したことがない人は、何人いるか。

A　45人　　　F　70人
B　50人　　　G　80人
C　55人　　　H　85人
D　60人　　　I　100人
E　65人　　　J　AからIのいずれでもない

（**10**）アメリカに出張したことのない人のうち $\frac{1}{3}$ は、中国に出張したことがあった。アメリカと中国の両方に出張したことがある人は何人いるか。

A　10人　　　F　35人
B　15人　　　G　40人
C　20人　　　H　45人
D　25人　　　I　50人
E　30人　　　J　AからIのいずれでもない

次の説明を読んで、(11) から (13) までの3問に答えなさい。

ある会社員が、最近20年間のP国、Q国、R国、S国、T国の5か国の駐在期間について、次のように話していた。

　Ⅰ）T国には2年間駐在した
　Ⅱ）P国には3年間駐在した
　Ⅲ）どの国にも最低1年間は駐在した
　Ⅳ）S国に一番長く駐在した
　Ⅴ）昨年までS国にいて、今の国に駐在してちょうど1年になる

(11) この会社員の駐在した国について、必ずしも誤りとはいえないものは次のうちどれか。

　ア　現在駐在しているのはQ国である
　イ　S国には6年間駐在した
　ウ　P国、Q国、R国、S国、T国の5か国のうち、最初に駐在したのはR国である

A　アだけ　　　　E　アとウの両方
B　イだけ　　　　F　イとウの両方
C　ウだけ　　　　G　アとイとウのすべて
D　アとイの両方　H　ア、イ、ウのいずれも誤りである

(12) はじめに述べたⅠ）からⅤ）のほかに、次のことがわかった。

　　Ⅵ）S国には9年間駐在した

　　2番目に長く駐在した国として可能性があるのは、次のうちどれか。

　　A　P国　　　　　E　P国とQ国の両方
　　B　Q国　　　　　F　P国とR国の両方
　　C　R国　　　　　G　Q国またはR国のどちらか
　　D　T国　　　　　H　AからGのいずれでもない

(13) これまでに述べたⅠ）からⅥ）に加え、次のうち<u>少なくとも</u>どの情報が加われば、P国、Q国、R国、S国、T国の5か国に赴任した順序が決まるか。

　　カ　R国には1年間駐在した
　　キ　最初にT国に駐在した
　　ク　現在いる国を除けば、徐々にいる期間が長くなっている

　　A　カだけ　　　　　E　カとクの両方
　　B　キだけ　　　　　F　キとクの両方
　　C　クだけ　　　　　G　カとキとクのすべて
　　D　カとキの両方　　H　カ、キ、クのすべてが加わっても決まらない

次の説明を読んで、(**14**) から (**17**) までの4問に答えなさい。

　下図は、ある製品の製作工程の順序と各工程に要する日数を示したものである。

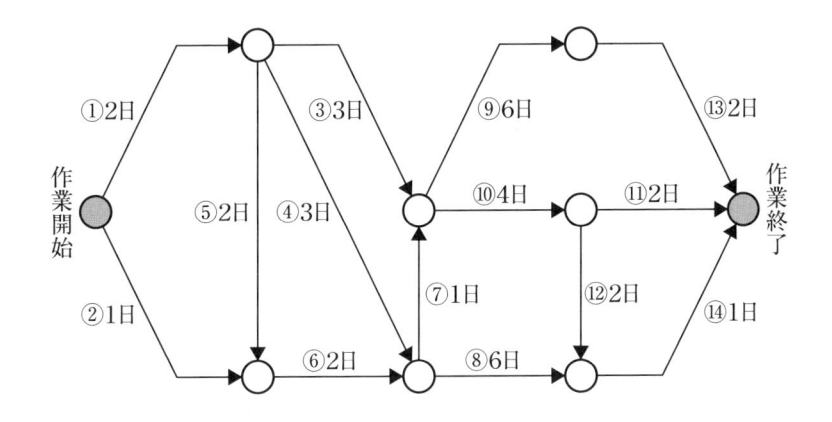

```
        ①2日          ③3日          ⑨6日          ⑬2日
作業開始 ─────→ ○ ─────→        ─────→ ○ ─────→     作業終了
         ⑤2日 ④3日              ⑩4日        ⑪2日
         ②1日                    ⑦1日    ⑫2日
               ⑥2日    ⑧6日                ⑭1日
```

　図には次のような約束ごとがある。①、②、③……⑭の番号は作業の区別を表すものであり、必ずしも作業の順番を表すものではない。この番号と共に示された日数は、それぞれの作業についての必要日数を表している。

　矢印は作業の流れを示しており、次の作業に移るには、その作業に入ってくる矢印の作業がすべて終了していなければならない。例えば、③の作業に移るには①の作業が完了していなくてはならないし、⑥の作業に移るには②と⑤の作業が終わっている必要がある。

　また、各作業は、それ以前の作業が完了している限り、遅滞なく進められるものとする。例えば、③の作業に移るまでには作業開始から2日間を要し、3日目から③の作業が始められることになる。

(**14**) 作業⑦に移るために必ず終了していなければならない作業をすべてあげたものは、次のうちどれか。

   A　③と④と⑥
   B　①と②と④と⑥
   C　②と④と⑤と⑥
   D　①と②と④と⑤と⑥
   E　①と②と③と④と⑤と⑥

(**15**) 作業開始後7日目に進行中の作業をあげたものは、次のうちどれか。

   A　⑦だけ
   B　⑨だけ
   C　⑦と⑧
   D　⑨と⑩
   E　⑦と⑧と⑨と⑩

(**16**) 作業開始から全作業終了までに要する日数は、何日か。

   A　11日
   B　12日
   C　13日
   D　14日
   E　15日

（17）作業が2日遅れても、全体の作業終了が遅れないものの組み合わせは、次のうちどれか。ただし、ほかの作業は予定通りに行われるものとする。

A　②と⑤
B　③と⑪
C　③と⑫
D　④と⑪
E　⑧と⑩

次の説明を読んで、(**18**)から(**20**)までの3問に答えなさい。

　ある会社で、花見、観劇、スポーツ大会の3つの行事を開催した。この会社の社員は450人であり、それぞれの行事に参加した社員数は表の通りである。

行事	参加社員数
花見	180人
観劇	95人
スポーツ大会	210人

(**18**) 花見に参加したが、観劇には参加しなかった社員は135人だった。観劇に参加したが、花見には参加しなかった社員は何人か。

A　20人　　F　50人
B　25人　　G　55人
C　35人　　H　65人
D　40人　　I　70人
E　45人　　J　AからIのいずれでもない

観劇とスポーツ大会の両方に参加した社員は30人だった。

(19) 観劇にもスポーツ大会にも参加しなかった社員は何人か。

A　110人　　F　175人
B　125人　　G　190人
C　130人　　H　240人
D　145人　　I　275人
E　160人　　J　AからIのいずれでもない

(20) 花見とスポーツ大会の両方に参加した社員は90人で、そのうち25人が観劇にも参加した。スポーツ大会にだけ参加した社員は何人か。

A　50人　　F　95人
B　60人　　G　100人
C　65人　　H　115人
D　70人　　I　120人
E　80人　　J　AからIのいずれでもない

次の説明を読んで、（21）から（25）までの5問に答えなさい。

　一般に、あることをMで表し、別のあることをNで表すとき、「Mであり、かつNである」ということを式M◎Nで表す。また、「少なくともMかNのいずれか」ということを式M＊Nで表す。このような記号の使い方を具体的な事柄に当てはめて考えてみよう。

　ある店で名刺を印刷する料金は、基本的には、100枚で2000円である。100枚より多い場合は、100枚ごとに2000円ずつ加算される。ただし、その店で名刺以外の買い物をすると、買い物をした金額が5000円から10000円までのときは100枚分が無料となり、10000円を超えたときは、200枚分が無料となる。いま、この店でP枚名刺を印刷することをM（P）と表し、この店でQ円買い物をすることをN（Q）と表すこととする。

（21）「この店で300枚の名刺を印刷するか、3000円の買い物をするかのいずれか」ということを表したものは、次のうちのどれか。

　　A　M（300）◎N（3000）
　　B　M（3000）◎N（300）
　　C　M（300）＊N（3000）
　　D　M（3000）＊N（300）
　　E　AからDのいずれでもない

(22) 名刺の印刷料金が必ず2000円になるものは、次のうちのどれか。

　　ア　M（100）◎N（2000）
　　イ　M（200）◎N（4000）
　　ウ　M（400）◎N（15000）

　　A　アだけ
　　B　イだけ
　　C　ウだけ
　　D　アとイの両方
　　E　アとウの両方

(23) 式M（300）◎N（13000）で表される場合、名刺の印刷料金はいくらになるか。

　　A　　0円
　　B　2000円
　　C　3000円
　　D　4000円
　　E　6000円

(24) 式 |M（500）◎N（8000）| ＊ |M（600）◎N（2000）| で表される場合、名刺の印刷料金として可能性のあるものは、次のうちどれか。

　　カ　　8000円
　　キ　　10000円
　　ク　　12000円

　　A　カだけ
　　B　キだけ
　　C　クだけ
　　D　カとキの両方
　　E　カとクの両方

(25) 式 |M（1000）◎N（14000）| ＊ |M（800）◎N（4000）| で表される場合、名刺の印刷料金として可能性のあるものは、次のうちどれか。

　　サ　　16000円
　　シ　　18000円
　　ス　　20000円

　　A　サだけ
　　B　シだけ
　　C　スだけ
　　D　サとシの両方
　　E　サとスの両方

次の説明を読んで、（26）と（27）の２問に答えなさい。

　ある製品を製造するときにはP、Q、R、S、T、Uの６つの工程が必要である。各工程の所要時間は表の通りである。なお、各工程は条件のない限り、並行して進めることができる。

各工程の所要時間

工程	P	Q	R	S	T	U
所要時間（時間）	3	3	2	6	4	4

また、作業の手順には、次のような条件がある。
- 工程Qに取りかかる前に、工程Pが終了していること
- 工程Tに取りかかる前に、工程Q、Rが終了していること
- 工程Sに取りかかる前に、工程Rが終了していること
- 工程Uに取りかかる前に、工程S、Tが終了していること

（26）最も短い時間で完成するように工程を組んだとき、工程P、R、Sのうち、工程Tと一部でも並行して進めることができるものはどれか。

A　工程Pだけ
B　工程Rだけ
C　工程Sだけ
D　工程PとRの両方
E　工程PとSの両方
F　工程RとSの両方
G　工程PとRとSのすべて
H　並行して進められるものはない

(27) 最も短い時間で完成するように工程を組んだとき、完成までに何時間かかるか。

- A 11時間以下
- B 12時間
- C 13時間
- D 14時間
- E 15時間
- F 16時間
- G 17時間
- H 18時間
- I 20時間
- J 22時間以上

NMAT
検査 II
解答と解説

(1)～(3)

この問題では、表を読み取り、金額や割合を求める力が試されています。**情報を整理するスピードと、計算速度が決め手です。表をじっくりと読み込む必要はありません。問題文に出てくる項目名などを手がかりにして、手早く数値を拾いましょう。**

ビジネスにおいてさまざまな資料や表から数値を読み取る能力は不可欠です。管理職になれば、資料や表から数値を読み取る能力はますます求められます。これらの設問ではまさにそういう能力を測定しているのです。

(1)

	輸出先の割合（%）					総額（億円）
	北米	アジア	欧州	その他	計	
P社	34	ア	27	12	100	42.0

：（略）

空欄アが示しているのは、「P社の輸出先の中でアジアが占める割合」です。P社の輸出先の割合は、赤のゾーンに示されていて、北米、アジア、欧州、その他の合計が100%とあります。つまり、合計からアジア以外の割合（北米、欧州、その他）を引けば、アジアの割合がわかります。

　　合計　　北米　欧州　その他　　アジア
　　$100 - (34 + 27 + 12) = 27$

空欄アに入る値は27です。

【正解】D

(2)

	輸出先の割合（%）					総額 (億円)
	北米	アジア	欧州	その他	計	
P社	34	ア	27	12	100	42.0
Q社	12	34	28	26	100	94.0
R社	24	53	8	15	100	イ
S社	35	21	25	19	100	80.0

　空欄イは、「R社の輸出総額」です。そのうち、北米への輸出は、割合が「24％」で、金額が「6.0億円」ですから、「R社の輸出総額×24％＝6.0億円」の式が成り立ちます。求める「R社の輸出総額」を「x」として、方程式でxの値を求めます。

R社の輸出総額　北米の割合　　北米への輸出額

$$x \times 0.24 = 6.0億円 \quad ※24\% = 0.24$$
$$x = 6.0億円 \div 0.24$$
$$x = 25.0億円$$

【正解】F

(3)

	輸出先の割合（％）					総額 (億円)
	北米	アジア	欧州	その他	計	
P社	34	ア	27	12	100	42.0
Q社	12	34	28	26	100	94.0
R社	24	53	8	15	100	イ
S社	35	21	25	19	100	80.0

　Q社とS社の欧州への輸出額を「輸出総額×欧州への輸出割合」でそれぞれ求めてから、「Q社の欧州への輸出額÷S社の欧州への輸出額」で何倍かを計算します。

　計算を簡単にするために、輸出総額の億円は両社とも省略します（94.0億円の場合、94として計算）。

　　　　　輸出総額　欧州割合　欧州輸出額
　Q社　　94　×　0.28　＝　26.32
　S社　　80　×　0.25　＝　20

Q社の欧州輸出額　　S社の欧州輸出額　　Q社の欧州輸出額はS社の欧州輸出額の何倍か
　26.32　　÷　　　20　　＝　　1.316

　小数点以下第2位を四捨五入すると、1.3倍となります。

※なお、億円をつけて計算しても、26.32億円÷20億円＝1.316≒1.3倍で、答えは同じです。割り算では、割る数と割られる数を、同じ数で割り算しても答えは同じです。これを使って大きい単位を適度に略すると計算が楽になります。

【正解】G

(4)(5)

この問題では、いくつかの条件をもとに、順番を推測する力が試されています。

与えられた条件からわかることを書き出していくのが一番です。持ち時間が短いので、簡略化して書き出すのがコツです。

ビジネスにおいてはわずかな情報の中から演繹的に推論をし、さらにその推論が適切かどうかを検証する状況が多々あります。これらの設問は、そういったことができるかどうかをシミュレーションしているといえます。

条件Ⅰ）〜Ⅳ）からわかる人口の順番を書き出します。スピードを出すために、記号や図で略記するとよいでしょう。例えば、KがMより少ないときは、M＞Kと表します。

Ⅰ）KはMより人口が少ない　　M＞K

Ⅱ）NはMより人口が少ない　　M＞N

Ⅲ）5つの国のうち、人口が最も多いのはMではない

　　JかL＞M　※Mより多い国はJかLのいずれか、または両方
　　　　　　　（KとNは、条件Ⅰ）Ⅱ）により、あり得ない）

Ⅳ）5つの国の人口には等しいものはない

つまり、考えられる順番は、以下のいずれかです。

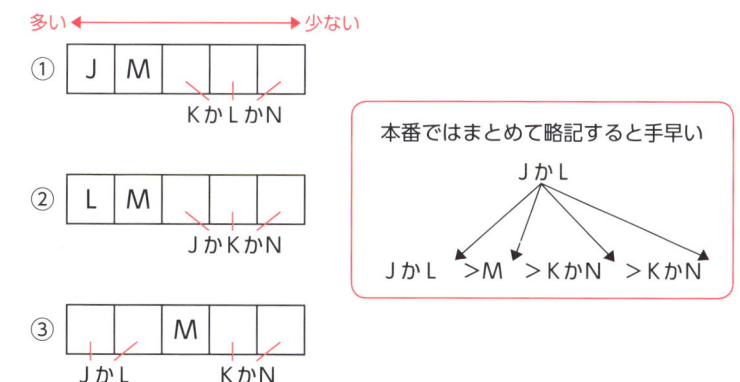

多い ← → 少ない

① | J | M | | | |
　　　　　　KかLかN

② | L | M | | | |
　　　　　　JかKかN

③ | | | M | | |
　　JかL　　　KかN

本番ではまとめて略記すると手早い

```
      JかL
   ↙  ↓  ↓  ↘
JかL ＞M ＞KかN ＞KかN
```

(4)

推論**ア〜ウ**を、順番①〜③に当てはめて、成り立つかどうかを考えます。成り立つものが1つでも考えられれば、その推論は「必ずしも誤りとはいえないもの」となります。

ア 最も人口が多いのはLである

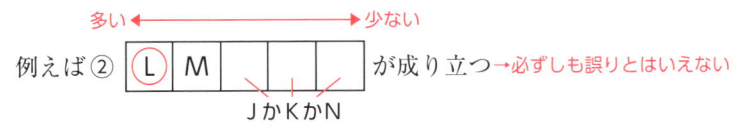

多い ←――――――――→ 少ない

例えば② | L | M | | | |　が成り立つ →必ずしも誤りとはいえない

　　　　　　　　　JかKかN

※1つでも成り立てば「必ずしも誤りとはいえないもの」と決まります。ほかは検証する必要ありません。

イ 最も人口が少ないのはNである

多い ←――――――――→ 少ない

例えば② | L | M | J | K | N |　が成り立つ →必ずしも誤りとはいえない

~~**ウ**~~ Mの人口は2番目に少ない

Mが2番目に少ないものは①〜③にはない（Mは3番目か4番目に少ない）

→ 確実に誤り

必ずしも誤りとはいえないものは、**ア**と**イ**です。

【正解】D

(5)

最初に考えた順番に、条件Ⅴ)、Ⅵ)を加えてさらに順番を考えます。

 Ⅴ)　LはMよりも人口が多い　　　L＞M
 Ⅵ)　人口が最も多いのはLではない　？＞L

最初に考えた順番①～③のうち、これに当てはまるのは③だけです。

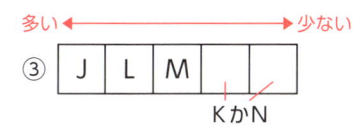

多い ←　　　　　　→ 少ない
③ | J | L | M | | |
     KかN

この時点で、不明なのはKとNの順番だけです。**カ～ク**の情報で、順番が1つに決まるか考えます。

~~カ~~　JはNより人口が多い
 上記③の時点で、JがNより多いのは判明済みです。この条件では、KとNの順番は決まりません。

~~キ~~　KはLより人口が少ない
 上記③の時点で、KがLより少ないのは判明済みです。この条件では、KとNの順番は決まりません。

(ク)　KはNより人口が少ない
多い ←　　　　　　→ 少ない
 ③ | J | L | M | N | K | だけに決まります。

クの条件が加われば、5つの国の人口の多少が決まります。

【正解】C

(6)〜(8)
　この問題では、フローチャートで示された情報を読み取る力が試されています。
　フローチャートは、作業の流れを図式化したものです。プログラムの設計や業務工程などを図式化して、把握しやすくするために用いられます。
　不慣れな人には難しく見えるかもしれませんが、与えられた値を当てはめていけば、答えが出ます。途中で変化する値もあるので、メモをとりながら解いていくとよいでしょう。
　ビジネスにおいて、フローチャートはよく使われます。フローチャートの基本が理解できているかを測定しているのがこれらの設問です。

(6)

　このフローチャートは、家賃をP、居住面積をQとして、所定の計算式に当てはめて、住宅補助の金額を算出するというものです。
　家賃75000円、居住面積9坪、扶養家族なしをフローチャートに当てはめると、次のようになります。

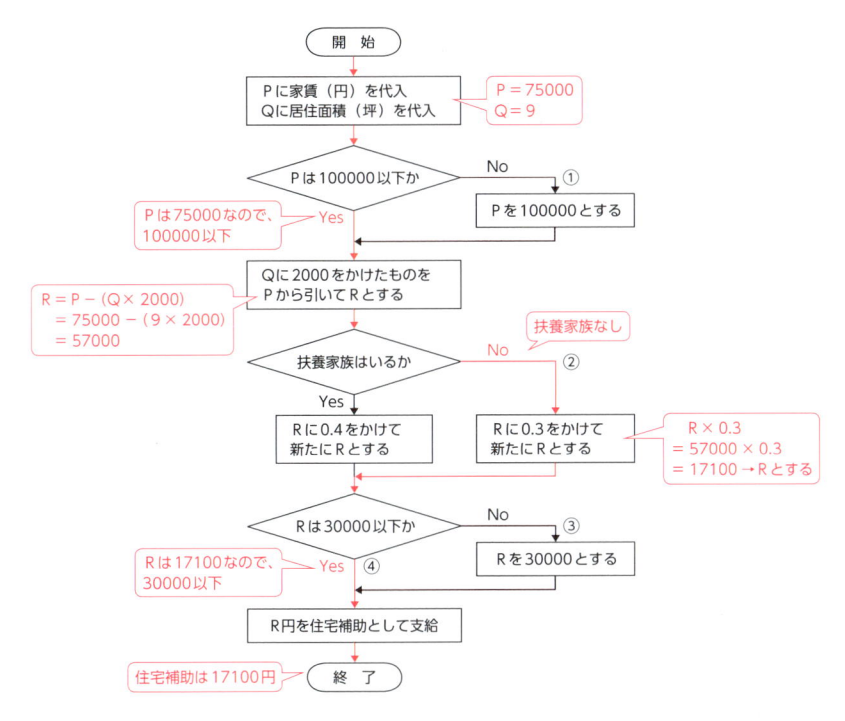

```
                    ┌─────┐
                    │ 開始 │
                    └──┬──┘
                       ▼
            ┌──────────────────────┐    ┌──────────────┐
            │ Pに家賃（円）を代入   │◄───│ P = 75000    │
            │ Qに居住面積（坪）を代入│    │ Q = 9        │
            └──────────┬───────────┘    └──────────────┘
                       ▼
                  ◇ Pは100000以下か ◇──No──┐
                       │                   ▼
┌──────────────┐     Yes            ┌──────────────┐
│ Pは75000なので│                    │ Pを100000とする│
│ 100000以下    │                    └──────┬────────┘
└──────────────┘     │◄─────────────────────┘
                     ▼
         ┌────────────────────────┐
         │ Qに2000をかけたものを   │
         │ Pから引いてRとする      │
         └──────────┬─────────────┘
┌──────────────────┐│
│ R = P－(Q×2000)  ││
│ ＝ 75000－(9×2000)││
│ ＝ 57000          ││
└──────────────────┘▼
                ◇ 扶養家族はいるか ◇──No──┐ 扶養家族なし
                       │ Yes              ▼  ②
              ┌────────────────┐  ┌────────────────┐  ┌──────────────────┐
              │ Rに0.4をかけて  │  │ Rに0.3をかけて  │  │ R × 0.3          │
              │ 新たにRとする   │  │ 新たにRとする   │  │ ＝ 57000 × 0.3   │
              └────────┬───────┘  └────────┬───────┘  │ ＝ 17100 → Rとする│
                       │                   │          └──────────────────┘
                       └─────────┬─────────┘
                                 ▼
                        ◇ Rは30000以下か ◇──No──┐ ③
┌──────────────┐               │ Yes ④         ▼
│ Rは17100なので│               │        ┌──────────────┐
│ 30000以下     │               │        │ Rを30000とする│
└──────────────┘               │        └──────┬───────┘
                               ▼◄──────────────┘
                    ┌──────────────────────┐
                    │ R円を住宅補助として支給 │
                    └──────────┬───────────┘
┌────────────────┐            ▼
│住宅補助は17100円│         ┌─────┐
└────────────────┘         │ 終了 │
                           └─────┘
```

住宅補助は17100円です。

【正解】C

(7)

　経路①、②、③を通るのはどんな場合かを、フローチャートから読み取ると、以下の通りです。

　①：家賃（P）が100000円を超えるとき
　②：扶養家族がいないとき
　③：家賃（P）と居住面積（Q）を、フローチャート中の計算式に当てはめて求めたRが30000を超えるとき

　問題文の社員は、家賃90000円、居住面積12坪、扶養家族ありなので、①と②は当てはまりません。残り③に当てはまるかどうかは、フローチャートの以下の部分の計算式（③以前の計算式）で、Rを求めて判断します。

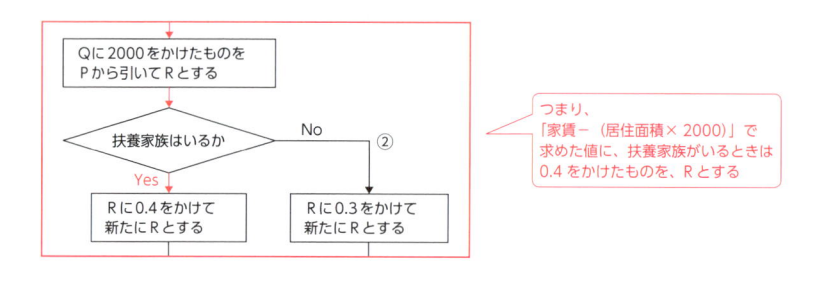

```
家賃          居住面積        扶養家族あり      R
(90000 − ( 12 × 2000 )) × 0.4  =  26400
```

Rは26400なので、30000以下です。経路③は通りません。結局、図中の経路①、②、③は、いずれも通りません。

参考までに、この社員の経路と、それぞれの値は以下のようになります。

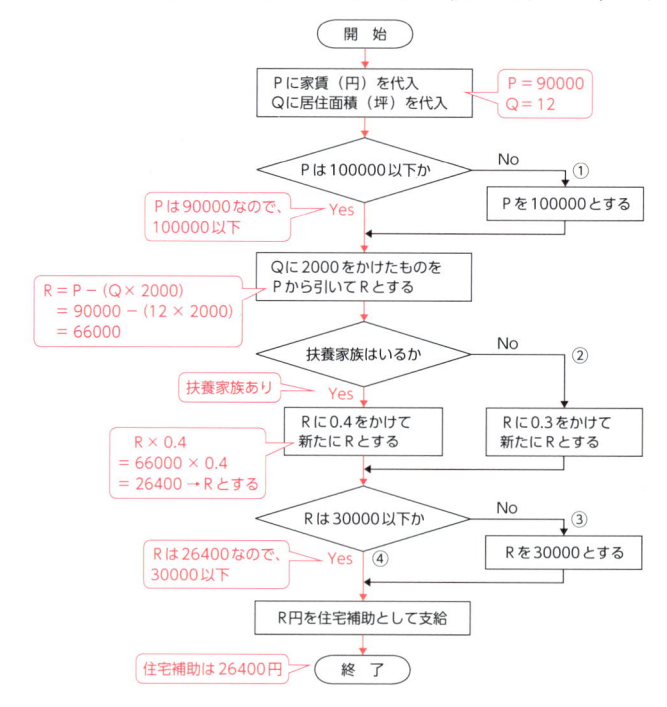

【正解】H

(8)

　経路④を通るのは、前問で検討した③の経路を通らない場合です。つまり、家賃と居住面積を、フローチャート中の計算式に当てはめて求めたRが30000以下のときです。

　フローチャート中のRを求める手順をまとめ直すと、以下の通りです。
【手順1】家賃が100000を超えるときは、家賃を100000と扱う。それ以外は、家賃をそのまま使う。
【手順2】「家賃－（居住面積×2000）」で求めた値に、扶養家族がいるときは0.4、いないときは0.3をかけたものをRとする。

　これを**ア**～**ウ**に当てはめて計算します。

ア　家賃が100000以下、扶養家族なしなので、「家賃－（居住面積×2000）」で求めた値に0.3をかけます。
　　（82000－（8×2000））×0.3＝19800

イ　家賃が100000以下、扶養家族ありなので、「家賃－（居住面積×2000）」で求めた値に0.4をかけます。
　　（97000－（10×2000））×0.4＝30800

ウ　家賃が100000を超えて、扶養家族ありなので、「100000－（居住面積×2000）」で求めた値に0.4をかけます。
　　（100000－（15×2000））×0.4＝28000

　30000以下になるのは、**ア**と**ウ**です。

【正解】E

(9)(10)

　この問題では、調査結果からある条件に当てはまる人数を求める力が試されています。集合（ある条件に当てはまるものの集まりのこと）の概念理解と計算力が必要です。

　図で整理するのが確実な方法です。文章で書かれている条件を集合の図として視覚化することで、何を求めるのか、どうやったら求められるのかを把握することができます。

　ビジネスでは「集合」の概念もよく使われます。集合の概念が理解できないと、まったく見当外れなデータの読み違いをすることもあります。それほど重要な「集合」を理解できているかどうかを測定しているのがこれらの設問です。

(9)

　求めるのは「アメリカとカナダのどちらにも出張したことがない人」です。この人たちは、「アメリカに出張したことがある」「カナダに出張したことがある」のどちらにも入らない人たちです。図にすると、このような状況が一目でわかり、解き方の見通しがたてやすくなります。

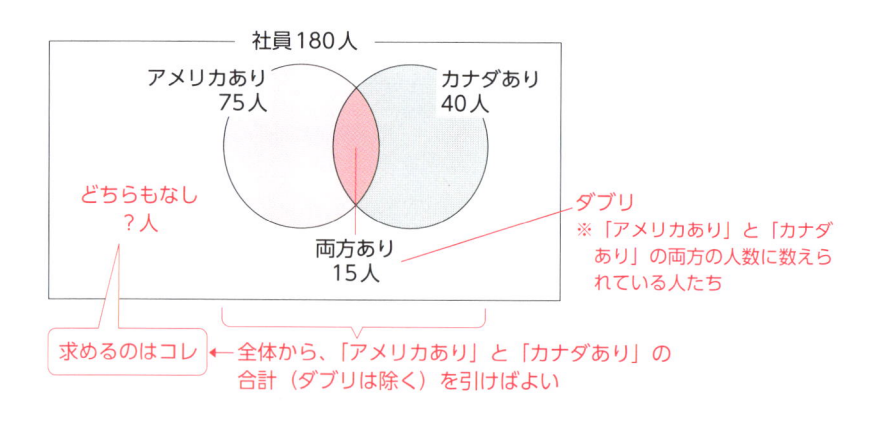

社員180人
アメリカあり 75人
カナダあり 40人
どちらもなし ？人
両方あり 15人

ダブリ
※「アメリカあり」と「カナダあり」の両方の人数に数えられている人たち

求めるのはコレ ← 全体から、「アメリカあり」と「カナダあり」の合計（ダブリは除く）を引けばよい

　まず、「アメリカあり」と「カナダあり」の合計からダブリを取り除いた人数を計算します。その上で、社員全体の180人からこの人数を引きます。

アメリカあり		カナダあり		両方(ダブリ)		少なくとも片方はあり
75人	＋	40人	−	15人	＝	100人

社員全体		少なくとも片方はあり		どちらもなし
180人	−	100人	＝	80人

【正解】G

(10)

アメリカに出張したことがある人と、中国に出張したことがある人を図にすると、以下の通りです。

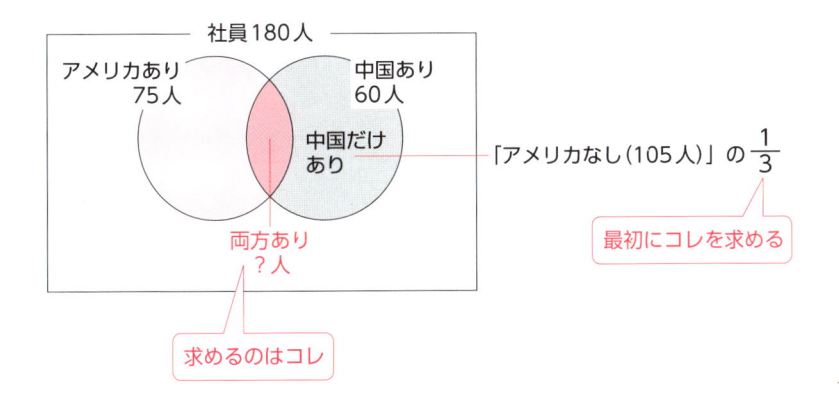

社員180人
アメリカあり 75人
中国あり 60人
中国だけあり ←「アメリカなし(105人)」の $\frac{1}{3}$
最初にコレを求める
両方あり ?人
求めるのはコレ

問題文の「アメリカに出張したことのない人のうち $\frac{1}{3}$ は、中国に出張したことがあった」のは、図の灰色の部分の人たちです。この人数を求めて、「中国あり」の60人から引けば、両方に出張したことがある人の人数がわかります。

アメリカなし				中国だけあり
105人	×	$\frac{1}{3}$	＝	35人

中国あり		中国だけあり		両方あり
60人	−	35人	＝	25人

【正解】D

《集合の問題の解き方》

集合の問題を解く場合は、次のステップで考える。

①いくつの集合が関係するのかを確認する
②フォーマット（面積のバランスは無視）にわかっている数字を記入

〈フォーマット例：２つの集合の場合〉

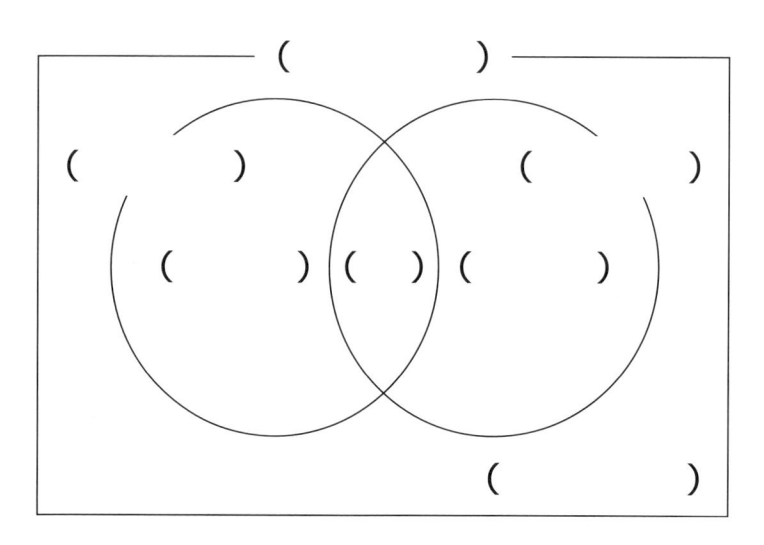

```
┌─────────(     )─────────┐
│                         │
│  (     )       (     )  │
│                         │
│     (     )( )(     )   │
│                         │
│                         │
│              (       )  │
└─────────────────────────┘
```

③どの部分を求めるのかを確認する
④計算方法を考える
⑤答えを計算で求める

> (11)〜(13)
> この問題では、はじめに5つの条件が与えられています。これらにある条件を加えたときどのような状況が考えられるか、また、どのような条件を加えれば問題を解決できるかが問われています。
> **正確に判断するために、条件から考えられることを書き出すとよいでしょう。**

問題文の5つの条件からわかる駐在期間や順番を書き出します。
　Ⅰ）T国には2年間駐在した　**T＝2**
　Ⅱ）P国には3年間駐在した　**P＝3**
　Ⅲ）どの国にも最低1年間は駐在した
　Ⅳ）S国に一番長く駐在した　**S＝最長**
　Ⅴ）昨年までS国にいて、今の国に駐在してちょうど1年になる
　　　S → QかRが1年（今の国は1年なので、それ以上のTとPは除く）

わかったことをまとめると、以下の通りです。

	P国	Q国	R国	S国	T国
期間 （合計20年）	3年	・どちらか1国が1年 ・もう1国の期間は不明だがSよりは短い		最長	2年
順番	不明	・どちらか1国に現在駐在 ・もう1国の順番は不明		昨年まで駐在	不明

(11)

　上記でわかったことを使って推論ア〜ウを考えます。成り立つものが1つでも考えられれば、その推論は「必ずしも誤りとはいえないもの」となります。

　ア 現在駐在しているのはQ国である
　　　現在駐在しているのはQ国かR国です。Q国の可能性があります。
　　　→ 必ずしも誤りとはいえない

✗ S国には6年間駐在した
S国が6年だとすると、Q国かR国が8年になり、S国より長くなってしまいます。

	P国	Q国	R国	S国	T国
期間 (合計20年)	3年	・どちらか1国が1年 ・計算すると、もう1国は8年 ※20－(3＋1＋6＋2)＝8		6年	2年

→ 確実に誤り

ウ P国、Q国、R国、S国、T国の5か国のうち、最初に駐在したのはR国である
例えば、R国（4年）→P国（3年）→T国（2年）→S国（10年）→Q国（1年）の場合、R国が最初に駐在した国になります。
→ 必ずしも誤りとはいえない

必ずしも誤りとはいえないものは、**ア**と**ウ**です。

【正解】E

(12)

最初に考えた駐在期間に、「S国には9年間駐在した」を当てはめると、さらに赤字の部分がわかります。

	P国	Q国	R国	S国	T国
期間 (合計20年)	3年	・どちらか1国が1年 ・計算すると、もう1国は5年 ※20－(3＋1＋9＋2)＝5		9年	2年

2番目に駐在期間が長いのは、Q国かR国（駐在期間が5年の国）です。

【正解】G

(13)

情報**カ~ク**で、5か国に赴任した順番が決まるか考えます。

~~カ~~ R国には1年間駐在した
条件Ⅴ)より、「今の国に駐在してちょうど1年」なので、Rが今の駐在国だと決まります。この情報で決まる順番は以下の通りです。?の部分が不明です。
? → ? → ? → S → R

~~キ~~ 最初にT国に駐在した
この情報で決まる順番は以下の通りです。?の部分が不明です。
T → ? → ? → S → QかR

~~ク~~ 現在いる国を除けば、徐々にいる期間が長くなっている
QとR以外の順番が決まります。この情報で決まる順番は以下の通りです。
T   →   P   →   QかR   →   S   →   QかR
(2年)　(3年)　 (5年)　 (9年)　 (1年)

以上のように、1つの情報だけで赴任した順番が決まるものはありません。**カ**と**ク**の両方なら、以下のように決まります。
T → P → Q → S → R

【正解】E

（14）〜（17）

　この問題では、文章を読み取り、Pertダイヤグラムの性質について把握する力が試されています。

　Pertダイヤグラムはパート図とかアロー・ダイヤグラムと呼ばれることもあります。製造工程管理やプロジェクト管理などにおいて、多数の工程・作業間の関連を図式化し、把握しやすくするために用いられます。**最も時間がかかる経路（クリティカルパス）を見つけることがポイント**です。それぞれの作業の終わりにそこまでに必要な日数を書き込んでいくことで、クリティカルパスになっている経路がどこなのか把握できます。

　工程管理やプロジェクト管理の基本が理解できているかを測定しているのがこれらの設問です。

（14）

　問題文に「矢印は作業の流れを示しており、次の作業に移るには、その作業に入ってくる矢印の作業がすべて終了していなければならない」とあります。

　これに従って、作業⑦に入ってくる矢印の作業をさかのぼって、すべてあげます。作業開始までさかのぼった結果、該当するのは以下の赤い矢印の部分です。

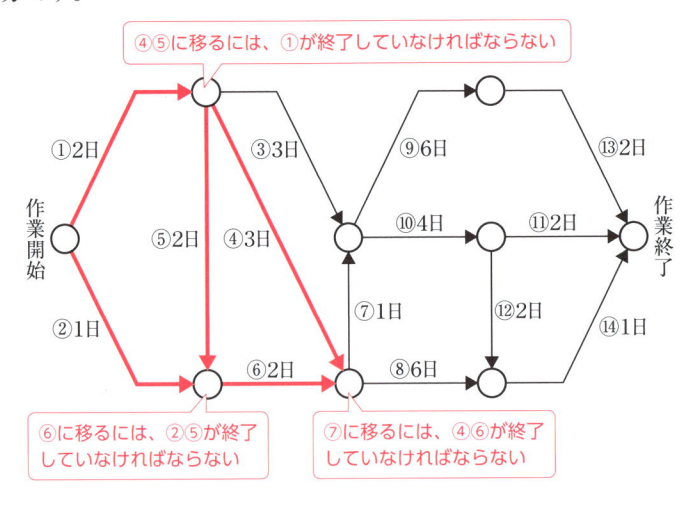

よって、作業⑦に移るために必ず終了していなければならない作業は、①②④⑤⑥です。

【正解】D

(15)

問題文のルールに従って、作業の終わりにそこまでに必要な日数を書き込んでいきましょう。複数の経路があるときは、最も時間がかかる場合の日数を書き込みます。

※問われているのは7日目の作業ですが、以降の問題で使うので、最後まで書き込んでしまいます。

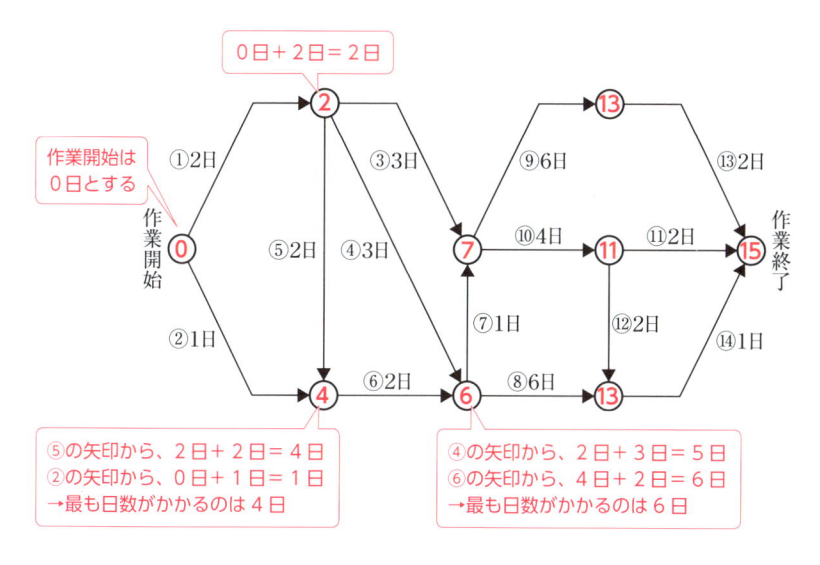

図から、作業開始後7日目に進行中の作業は⑦⑧です。

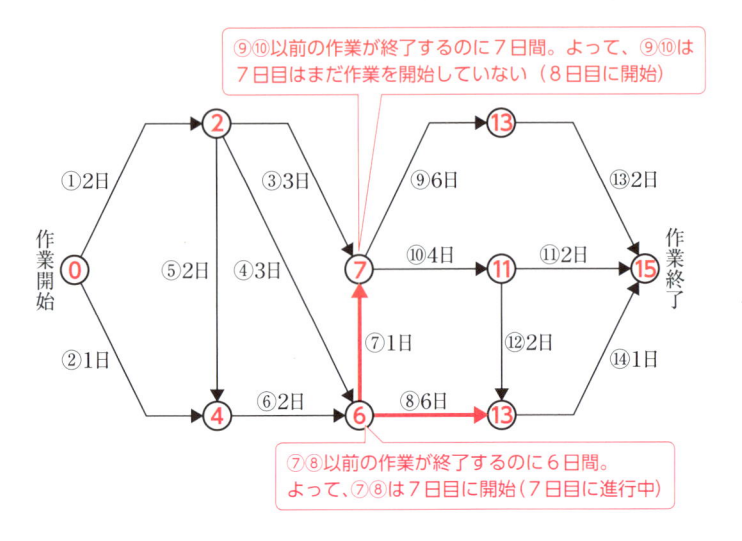

[図: PERTネットワーク図]

⑨⑩以前の作業が終了するのに7日間。よって、⑨⑩は7日目はまだ作業を開始していない（8日目に開始）

⑦⑧以前の作業が終了するのに6日間。よって、⑦⑧は7日目に開始（7日目に進行中）

【正解】C

(16)

（15）で書き込んだ図から、15日目に作業が終了することがわかります。

【正解】E

(17)

「作業が2日遅れても、全体の作業終了が遅れないもの」として考えられるのは、「ある作業の終了日から、次の作業開始までに2日以上の余裕がある場合」です。例えば、以下のような場合です。

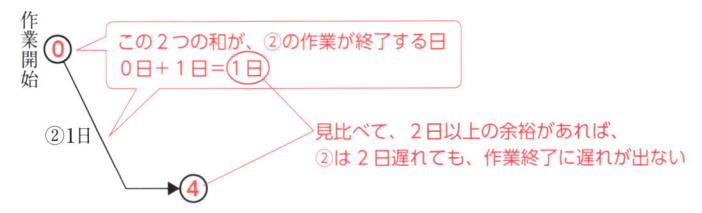

[図: 作業開始⓪→②1日→④]

この2つの和が、②の作業が終了する日
0日＋1日＝1日

見比べて、2日以上の余裕があれば、②は2日遅れても、作業終了に遅れが出ない

　選択肢に出てくる作業（②③④⑤⑧⑩⑪⑫）に、それぞれ何日の余裕があるか調べます。すると、次のように、2日遅れでも作業終了に遅れが出ないのは②③⑪だとわかります。

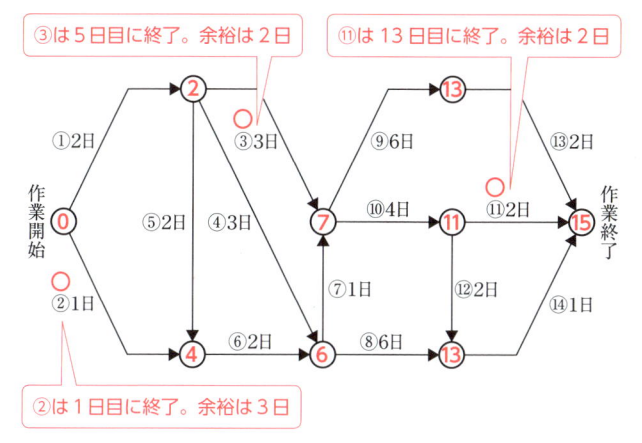

③は5日目に終了。余裕は2日
⑪は13日目に終了。余裕は2日
②は1日目に終了。余裕は3日

②③⑪だけが含まれている選択肢を探すと、「B ③と⑪」が当てはまります。これが正解です。

なお、④⑤⑧⑩⑫を調べた結果は以下の通りです。2日以上の余裕があるものはありません。

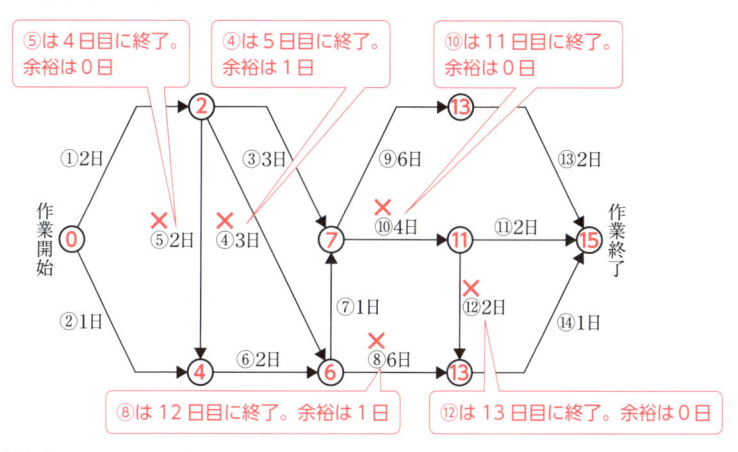

⑤は4日目に終了。余裕は0日
④は5日目に終了。余裕は1日
⑩は11日目に終了。余裕は0日
⑧は12日目に終了。余裕は1日
⑫は13日目に終了。余裕は0日

※④⑤⑧⑩⑫のうち、実は⑧のみは、後の工程と合わせると「2日遅れても、全体の作業終了が遅れないもの」に該当します（⑧を2日遅れで進めると、次の⑭の作業開始が1日遅れるが、⑭の1日余裕分で吸収できる）。ただし、⑧が含まれる選択肢のEには、遅れを取り戻せない⑩が含まれているので正解にはなりません。

【正解】B

(18) 〜 (20)
　この問題では、調査結果からある条件に当てはまる人数を求める力が試されています。
　図で整理するのが確実な方法です。文章で書かれている条件を集合の図として視覚化することで、何を求めるのか、どうやったら求められるのかを把握することができます。

(18)

　花見と観劇に参加した社員を図にすると、以下の通りです。

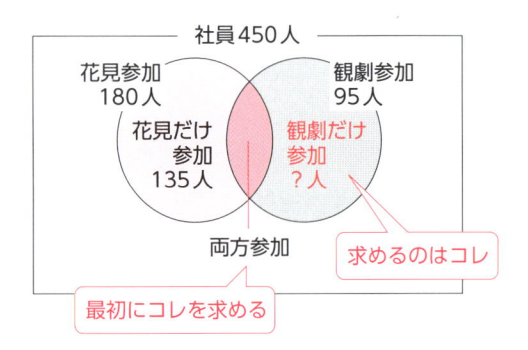

```
社員450人
花見参加          観劇参加
180人              95人
  花見だけ   観劇だけ
   参加      参加
   135人     ?人
      両方参加
   最初にコレを求める   求めるのはコレ
```

　問題文の「観劇に参加したが、花見には参加しなかった社員」は、図の灰色の部分です。
　まず、「花見参加」の180人から「花見だけ参加」の135人を引くと、「両方参加」の人数がわかります。次に、「観劇参加」の95人から「両方参加」を引くと、「観劇だけ参加」の人数がわかります。

　　花見参加　　花見だけ参加　　両方参加
　　180人　－　135人　＝　45人

　　観劇参加　　両方参加　　観劇だけ参加
　　95人　－　45人　＝　50人

【正解】F

(19)

観劇とスポーツ大会に参加した社員を図にすると、以下の通りです。

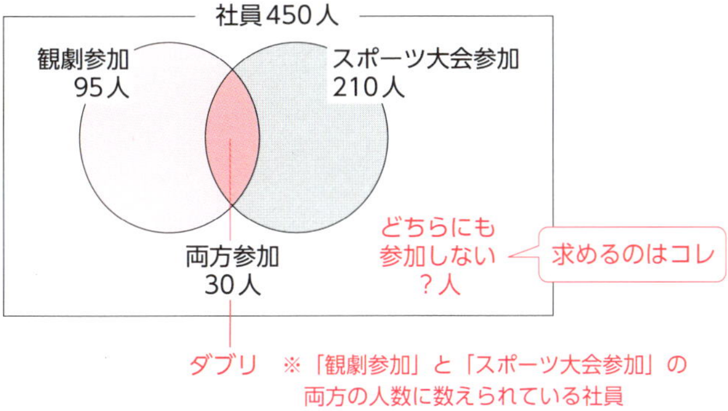
社員450人
観劇参加
95人
スポーツ大会参加
210人
両方参加
30人
どちらにも
参加しない
？人
求めるのはコレ
ダブリ
※「観劇参加」と「スポーツ大会参加」の
両方の人数に数えられている社員

まず、「観劇参加」と「スポーツ大会参加」の合計からダブリを取り除いた人数を計算します。その上で、社員全体の450人からこの人数を引きます。

観劇参加		スポーツ大会参加		両方（ダブリ）		少なくとも片方は参加
95人	＋	210人	－	30人	＝	275人

社員全体		少なくとも片方は参加		どちらにも参加しない
450人	－	275人	＝	175人

【正解】 F

(20)

観劇、スポーツ大会、花見に参加した社員を図にすると、以下の通りです。

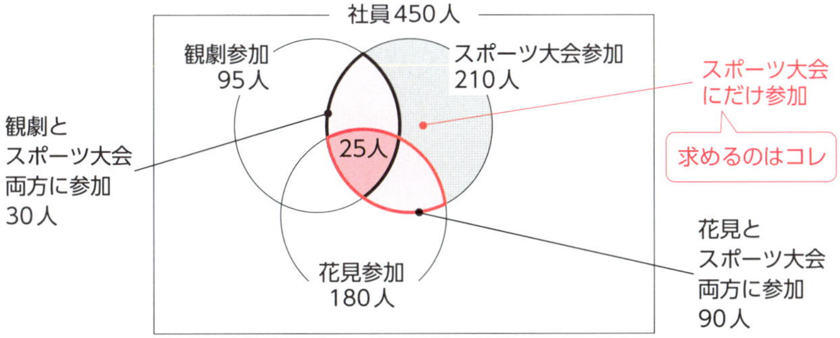
社員450人
観劇参加
95人
スポーツ大会参加
210人
スポーツ大会
にだけ参加
求めるのはコレ
観劇と
スポーツ大会
両方に参加
30人
25人
花見と
スポーツ大会
両方に参加
90人
花見参加
180人

問題文の「スポーツ大会にだけ参加した社員」は、図の灰色の部分です。「スポーツ大会参加」の210人から、観劇にも参加した30人と、花見にも参加した90人を引き、最後にダブって引いた25人を足せば、灰色の部分が求められます。

スポーツ大会参加　　観劇にも参加　　花見にも参加　　すべてに参加　　スポーツ大会にだけ参加
　210人　－　30人　－　90人　＋　25人　＝　115人

　この求め方だと、ピンとこないという人は、以下の図のように、スポーツ大会に参加した人のうち、ほかの行事にも参加した人の内訳を、5人、25人、65人と求め、スポーツ大会に参加した210人から引き算してもよいでしょう。

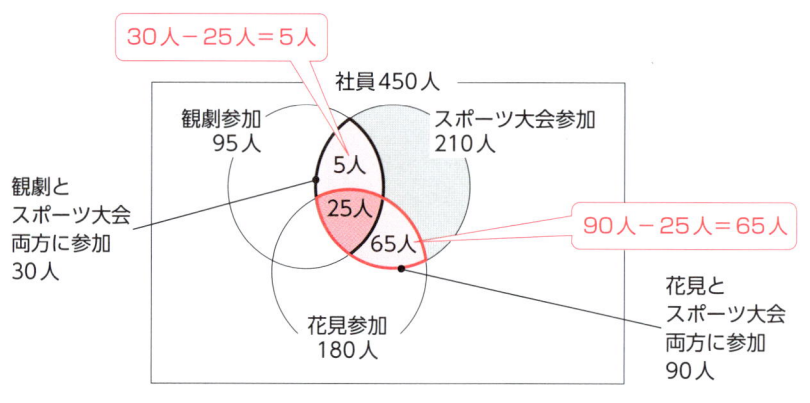

30人－25人＝5人

社員450人
観劇参加 95人
スポーツ大会参加 210人
観劇とスポーツ大会両方に参加 30人
5人
25人
65人
90人－25人＝65人
花見参加 180人
花見とスポーツ大会両方に参加 90人

スポーツ大会参加　ほかの行事も参加した人の和　スポーツ大会にだけ参加
　210人　－　（5人＋25人＋65人）　＝　115人

【正解】H

(21)～(25)

　この問題ではまず2種類の抽象的な事柄を記号と式で定義しています。それに対して、具体的な事柄がどのような式で表されるか、また式を具体化するとどのように表すことができるかが問われています。つまり、抽象的な事柄を具体化する力と、具体的な事柄を抽象的な式にする力が試されています。

　この問題を解くには、抽象的な記号と式と具体的な事柄を結びつける力が必要です。そのためには文章を読み取る力が欠かせません。読み取った記号と式と事柄の関係は、簡単にメモにまとめておくと、問題を解くときに楽になります。

　ビジネスにおいても、複雑な内容を単純化する方法として式や記号というものが使われます。式や記号というものは大変便利なツールです。それを使いこなすことができるかどうかをこれらの設問は測定しています。

問題文から、記号の表し方を抜き出すと、以下の通りです。

M◎N	…	Mであり、かつNである
M＊N	…	少なくともMかNのいずれか
M（P）	…	P枚名刺を印刷
N（Q）	…	Q円買い物

また、名刺の印刷料金と値引きをまとめると、以下の通りです。

名刺の印刷料金
　　100枚につき　…　2000円
名刺以外の買い物金額に応じて値引きあり
　　5000円～10000円の買い物…　名刺100枚分（2000円）の値引き
　　10000円を超える買い物　…　名刺200枚分（4000円）の値引き

(21)

「MかNのいずれか」なので、式はM＊Nの形です。名刺を300枚、買い物を3000円分なので、式は、M（300）＊N（3000）になります。

【正解】C

(22)

アの式は「名刺を100枚印刷し、かつ2000円の買い物をする」ということなので印刷料金の値引きはなく、印刷料金は2000円。

イの式は「名刺を200枚印刷し、かつ4000円の買い物をする」ということなので印刷料金の値引きはなく、印刷料金は4000円。

ウの式は「名刺を400枚印刷し、かつ15000円の買い物をする」ということなので印刷料金の値引きは4000円。よって、印刷料金は8000 − 4000 = 4000円。

従って、2000円となるのはアだけです。

【正解】A

(23)

問題の式は「名刺を300枚印刷し、かつ13000円の買い物をする」ということなので印刷料金の値引きは4000円。

よって、印刷料金は6000 − 4000 = 2000円です。

【正解】B

(24)

問題の式は「『名刺を500枚印刷し、かつ8000円の買い物をする』か、『名刺を600枚印刷し、かつ2000円の買い物をする』かのいずれか」ということです。

よって、「『10000 − 2000 = 8000円』か、『12000 − 0 = 12000円』かのいずれか」ということになります。

従って、「8000円か、12000円かのいずれか」となります。

【正解】E

(25)

　問題の式は「『名刺を1000枚印刷し、かつ14000円の買い物をする』か、『名刺を800枚印刷し、かつ4000円の買い物をする』かのいずれか」ということです。

　よって、「『20000 − 4000 = 16000円』か、『16000 − 0 = 16000円』かのいずれか」ということになります。

　従って、「16000円」となります。

【正解】 A

(26)(27)
この問題では、各工程の所要時間から工程を組む力が試されています。
このような工程を組む問題では、工程に取りかかるための条件を把握することが大切です。線分図を使って、工程を条件に従って並べていくとよいでしょう。

(26)
まず、条件からわかる工程の取りかかり順を図にしていき、工程の順番をはっきりさせます。

・「工程Qに取りかかる前に、工程Pが終了」を図にする

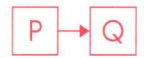

P → Q

・「工程Tに取りかかる前に、工程Q、Rが終了」を書き足す

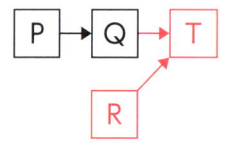

P → Q → T
　　　　↑
　　　　R

・「工程Sに取りかかる前に、工程Rが終了」を書き足す

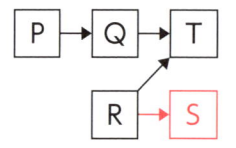

P → Q → T
　　　　↑
　　　R → S

・「工程Uに取りかかる前に、工程S、Tが終了」を書き足す

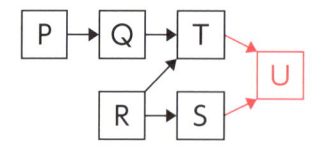

P → Q → T
　　　　↑ ↘
　　　R → S → U

順番がわかったら、最短の場合の工程を線分図にします（1目盛り1時間）。

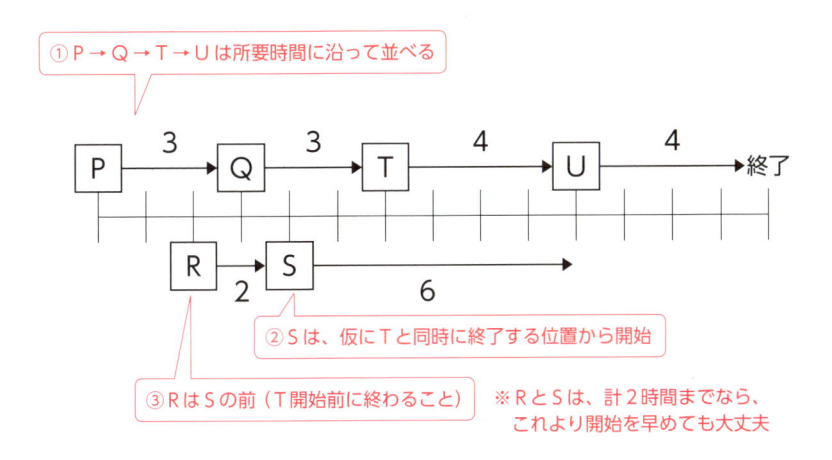

①P→Q→T→Uは所要時間に沿って並べる

```
P  3  Q  3  T  4  U  4  →終了
      R  2  S  6  →
```

②Sは、仮にTと同時に終了する位置から開始

③RはSの前（T開始前に終わること）

※RとSは、計2時間までなら、これより開始を早めても大丈夫

　最短で進める場合、工程P、R、Sのうち、工程Tと一部でも並行して進めることができるのは、工程Sだけです。

【正解】C

(27)

　最短の場合の工程は、前問で線分図を作成済みです。線分を数えると、かかる時間は14時間です。

【正解】D

第3部 JMAT完全再現問題

- 検査Ⅰ ……………………………………… 113ページ
- 検査Ⅰの解答と解説 …………………… 127ページ
- 検査Ⅱ ……………………………………… 147ページ
- 検査Ⅱの解答と解説 …………………… 169ページ

JMATの構成

JMATもNMAT同様、検査Ⅰ～Ⅳの4つのブロックに分かれています。

検査Ⅰ：言語能力検査
- 反対語や二語関係、長文読解が出題され、「文章の構成や論旨を理解する力」を測定します。
- 設問数約54問
- 検査時間30分

検査Ⅱ：非言語能力検査
- 中学生レベルの数学の問題が出題され、論理的思考力を測定します。論理的思考力とは「獲得した情報をもとに、新しい情報や的確な判断を導く力」のことです。
- 設問数約40問
- 検査時間40分

検査Ⅲ：性格検査
- 「性格特徴」を問う検査です。
- 設問数220問

検査Ⅳ：指向検査
- 「指向」を問う検査です。
- 設問数30問
- 検査時間約40分（検査Ⅲと検査Ⅳあわせて）

回答はすべて、マークシートに記入します。

検査時間に対して、設問数が多いので、短い時間で大量の問題を解かなければなりません。

JMATの並行版（テストの基本構成は同じだが設問の数値などが少し異なるもの）は3版以上あるようです。

検 査 I

● 設問ごとに5～6の選択肢があります。
  正しいと思うものを1つだけ選んで、
  回答用紙のマークの文字が見えなくなるまで、
  鉛筆で黒く、濃く、塗りつぶしてください。

（例）
Ⓐ ● Ⓒ Ⓓ Ⓔ

● 問題数は多めになっていますので、
  あせらずに、落ち着いて解いてください。

● 検査Ⅰの問題数は54問、検査時間は30分です。

（※この再現テストは、問題数33問、検査時間18分になっています）

（※この扉はオリジナルの問題冊子の表紙を再現したものです。本書にはマークシートはついていません）

（1）から（10）までの10問では、最初に示された言葉と最もはっきりした反対語をAからEの中から1つ選びなさい。

（例）安全
　　　A　危機
　　　B　危険
　　　C　心配
　　　D　不全
　　　E　不安

上の例では、「安全」に対してBの「危険」が最もはっきりした反対語です。

（1）充実
　　　A　空虚
　　　B　本望
　　　C　薄情
　　　D　無人
　　　E　濃厚

（2）詳細
　　　A　報告
　　　B　要点
　　　C　入念
　　　D　概略
　　　E　論点

（3）達筆
- A　加筆
- B　悪筆
- C　休筆
- D　特筆
- E　絶筆

（4）懸念
- A　楽観
- B　本音
- C　承諾
- D　満足
- E　安堵(あんど)

（5）ゆうゆう
- A　のんびり
- B　そろそろ
- C　そそくさ
- D　ひろびろ
- E　しぶしぶ

（6）隆起
- A　陥没
- B　滑落
- C　停滞
- D　勃興(ぼっこう)
- E　降下

（7）否認
　　　A　確認
　　　B　視認
　　　C　是認
　　　D　公認
　　　E　誤認

（8）深夜
　　　A　薄暮
　　　B　日暮れ
　　　C　夜明け
　　　D　昼間
　　　E　白昼

（9）事実
　　　A　虚構
　　　B　伝説
　　　C　制作
　　　D　真偽
　　　E　偽装

（10）慇懃(いんぎん)
　　　A　慢心
　　　B　素朴
　　　C　丁寧
　　　D　怠惰
　　　E　無礼

（11）から（20）までの10問では、最初に提示された二語の関係を考え、同じ関係のものを選びなさい。

（例）生物：人間

バス：
- A　運転免許
- B　運輸
- C　交通
- D　観光バス
- E　トラック

上の例では人間が生物の一種であり、人間は生物に含まれるという関係にあります。「バス」に対しては、Dの「観光バス」を選ぶと、同じ関係の対になります。

例にならって、以下の各問いについて、選択肢の中から最も適切なものを1つずつ選びなさい。なお、各問いでは、二語の関係はさまざまです。必ずしも上の例と同じものとは限りません。

（11）レンガ：建材

高校：
- A　授業
- B　教師
- C　専門学校
- D　学校
- E　生徒

（12）オートバイ：運転

機械：
- A　設備
- B　操作
- C　増産
- D　企画
- E　始動

(13) 食物：白米

季節：
- A　初秋
- B　厳寒
- C　一年
- D　月見
- E　熱暑

(14) 弓：矢

たいこ：
- A　楽器
- B　皮
- C　木材
- D　祭り
- E　ばち

(15) 短歌：文芸

静脈：
- A　血管
- B　骨格
- C　献血
- D　白血球
- E　注射

(16) 解散：集合

派遣：
- A　仕事
- B　職場
- C　復帰
- D　召還
- E　出国

（17）方位：北西

年号：
- A　年表
- B　西洋
- C　明治
- D　時代
- E　江戸

（18）喜ぶ：悲しむ

畏(おそ)れる：
- A　うやまう
- B　侮る
- C　おもねる
- D　控える
- E　従う

（19）傘：雨

薬：
- A　粉末
- B　病院
- C　看護士
- D　副作用
- E　病気

（20）家屋：窓

時計：
- A　時間
- B　秒針
- C　道具
- D　時報
- E　電波

次の文を読んで、(21)から(27)までの7問に答えなさい。

　サービスは「もの」とはちがった独特な性質をもっている。それが、市場における需要供給のマッチングをむずかしくしているという説明をしてきた。それは、サービスは「もの」ではなく「機能」であるところから発生する。
　「もの」はとっておけるし、輸送もできる。しかし、「機能」それ自身はそうはいかない。「加工機能」でさえそうである。「加工機能」とは機械と労働とエネルギーを使って原材料を目的にしたがって変形するという「機能」のことである。　1　「加工機能」自身はとっておけるわけではない。ただ、できあがった「もの」が取引されるのであり、これはとっておけるし運べる。これが工場立地の自由度を高め、計画生産を可能にするのである。鉄道業はレールや車両などの輸送設備と労働とエネルギーを使って旅客や貨物を運ぶことを業としている。鉄道業は「もの」生産ではなくて、輸送という機能を提供するがゆえにサービス産業に分類されるのである。
　もちろん、「変形」という機能を果たしているにもかかわらず、サービス産業に分類される業種①がある。美容業、理容業、修理業、クリーニング業がそうである。これらが製造業とちがう所は、変形を加える「もの」は需要者のものだという点にある。需要者は自分の「もの」に変形してもらうのであるから、変形という機能だけを買っているのである。これでは見込み生産ができず、需要と供給の時間的ギャップを「在庫」でうめるというわけにもいかない。第三者からの注文があったからといって、他人の洗濯物を引き渡すわけにはいかないのだ。
　機能が需要者のものではない「もの」に体化して、なおかつサービス産業に分類される業種②がある。デザイナーの機能は紙に表現される。シンクタンクの調査結果は報告書という形でクライアントに提出される。ソフトウェアの開発結果も同じようなものである。このときカイ在する「もの」はサービス供給者の機能を伝達する手段であって、「もの」に重要性があるわけではない。シンクタンクは調査結果を伝達するために報告書という「もの」を使うが、もし、報告書を大量に印刷し、それを不特定多数の人

に販売したとすれば、それは書物と同じように「もの」商品になってしまう。

　いずれにしても、「機能」それ自身はとっておけないし、運べない。しかし、製造業の「加工機能」は「もの」に体化し、需要者が気にするのは「もの」であるがために、立地と生産時間の自由度が高いのである。もちろん、デザイナー、シンクタンク、ソフトウェアハウスのサービスも「もの」に体化するから、立地と生産時間の自由度が高い点では同じである。　2　、注文を受けてからでないとサービス供給を開始できないし、締め切り日がある。その意味では繁閑ができやすいので、生産時間の自由度がそれほど高いとはいえない。シンクタンクの研究員を見ていると、締め切り日が重なる月には、休日返上どころか、夜も寝ないで報告書を書いている。いわんや、「もの」に体化しないサービスの場合は、需要の時間的偏在化がそのまま繁閑に結びついてしまう。オフィス街の飲食店を見ていればすぐにわかる。この種のサービスが圧トウ的に多いといってよいだろう。

（『ポスト大企業体制』井原哲夫／講談社現代新書）

(21) 本文中の下線部　カイ在　の「カイ」の漢字として最も適切なものを選びなさい。

A　解　　B　戒　　C　改　　D　介　　E　懐

(22) 本文中の下線部　圧トウ的　の「トウ」の漢字として最も適切なものを選びなさい。

A　棟　　B　倒　　C　逃　　D　統　　E　当

(23) ［　1　］に当てはまる最も適切な言葉を選びなさい。

　　　A　しかも　　B　だが　　C　なぜならば
　　　D　あるいは　E　したがって

(24) ［　2　］に当てはまる最も適切な言葉を選びなさい。

　　　A　しかも　　B　ただ　　C　さて
　　　D　つまり　　E　したがって

(25) 「もの」がもつ性質として本文中にあげられているものを選びなさい。

　　　ア　需要供給のバランスを保つのがむずかしいこと。
　　　イ　生産時間の自由度が高いこと。
　　　ウ　機能を伝達する手段になること。

　　　A　アだけ　　B　イだけ　　C　ウだけ
　　　D　アとイ　　E　アとウ　　F　イとウ

(26) 本文中の下線部「業種①」について、本文中に述べられていることと合致するものを選びなさい。

　　　ア　「業種①」は、在庫を大量に必要とする。
　　　イ　「業種①」は、需要者の「もの」を変形する。
　　　ウ　「業種①」は、製造業である。

　　　A　アだけ　　B　イだけ　　C　ウだけ
　　　D　アとイ　　E　アとウ　　F　イとウ

(27) 本文中の下線部「業種₂」について、本文中に述べられていることと合致するものを選びなさい。

　　ア 「業種₂」は、在庫を大量に必要とする。
　　イ 「業種₂」は、需要者の「もの」を変形する。
　　ウ 「業種₂」は、立地の自由度が高い。

　　A アだけ　　B イだけ　　C ウだけ
　　D アとイ　　E アとウ　　F イとウ

次の文を読んで、(28)から(33)までの6問に答えなさい。

　ある事物が《外から力が加わっても、その形あるいは性質を変えにくい》という性質を持っているとき、日本語では何と言うのだろうか。この一見謎めいた問の答えは簡単で、「かたい」がそれである。子供でも苦労なく使うこの単純な形容詞も、その意味するものは、このように案外抽象度の高いものなのだ。
　この「かたい」とよく一緒に使われる語を考えて見ると、石、ダイヤ、肉、地面、ネジ、結び目、守り、決心など、いくらもある。ところが、英語でこれらのことを言おうとすると、たくさんの違ったことばが必要となる。
　　1　、かたい石は hard stone だが、かたい肉は tough meat で、かたい決心は firm determination といった具合である。
　英語で、日本語の「かたい」に相当することばは、思いつくだけでも、hard, fast, firm, close, stiff, steady, stable, stark, strong, tight, tough, solid, rigid, secure など多数にのぼる。
　　2　英語では、同じ「かたさ」でも、石の「かたさ」、噛み切れない肉の「かたさ」、ほどきにくい結び目の「かたさ」など、いろいろ違った「かたさ」に含まれる具体的で個別的な性質の相違に、それぞれ別個の名称（形容詞）が与えられている。これに対し日本語の「かたい」は、細かな性質や条件の差異を無視して、すべてに共通する非常に抽象的な性質、つまり《外から力が加わっても、その形あるいは性質を変えない》を意味内容としている。この点日本語は抽象的と言える。
　さて日本語の「かたい」を漢字で書く段になると、今度はそこにいくつかの選択があることはだれでも知っている。年齢、教養によって多少の違いはあろうが、多くの人は「かたい」を、固、堅、硬、難のように書き分けるだろう。このような同訓の漢字が多くあるということは、実は、古代中国語にも英語とよく似た事物の具体的個別的な側面を重視する傾向があることを示している。このように同一の漢字の音よみと訓よみにおいて、日本語の抽象と中国語の具体という2つの性質が融合しているのである。もし日本語から漢字を追放し、その結果として漢語的発想がなくなる

と、実は本来の日本語、つまり大和ことばの多くは、上に述べた「かたい」のように、意味構造が非常に抽象的であるため、表現全体は極めて冗漫なものになることを見逃してはならない。

（『ことばの社会学』鈴木孝夫／新潮社）

(28) ［ 1 ］に当てはまる最も適切な言葉を選びなさい。

　A　したがって　　B　さらに　　C　さて
　D　たとえば　　　E　もっとも

(29) ［ 2 ］に当てはまる最も適切な言葉を選びなさい。

　A　つまり　　　　B　ところが　　C　あるいは
　D　なぜなら　　　E　たとえば

(30) 本文中の下線部　いくつかの選択　に当てはまるものを選びなさい。

　ア　英語で「かたい」に相当する言葉を選ぶこと。
　イ　同じ訓読みの漢字から適切なものを選ぶこと。
　ウ　なるべく抽象度の高い形容詞を選ぶこと。

　A　アだけ　　　　B　イだけ　　　C　ウだけ
　D　アとイ　　　　E　アとウ　　　F　イとウ

(31) 本文中で述べられているような同訓の漢字について、具体例として適切なものを選びなさい。

　ア　変、辺、編
　イ　皮、革、川
　ウ　暑、熱、厚

　A　アだけ　　B　イだけ　　C　ウだけ
　D　アとイ　　E　アとウ　　F　イとウ

(32) 本文中に述べられていることと合致するものを選びなさい。

　ア　日本語の意味構造は非常に抽象的である。
　イ　英語と古代中国語には共通の側面がある。
　ウ　日本語は抽象的なので、漢語的発想はそぐわない。

　A　アだけ　　B　イだけ　　C　ウだけ
　D　アとイ　　E　アとウ　　F　イとウ

(33) 「事物の具体的個別的な側面を重視する傾向」について、本文中に述べられていることと合致するものを選びなさい。

　ア　「かたい」という言葉には必ず「石」や「ダイヤ」などの語を一緒に使うこと。
　イ　「かたい」に含まれる細かな性質や条件の差異を無視すること。
　ウ　英語では、「かたさ」に含まれる性質の違いに応じて、異なる形容詞が与えられていること。

　A　アだけ　　B　イだけ　　C　ウだけ
　D　アとイ　　E　アとウ　　F　イとウ

JMAT 検査 I 解答と解説

※言葉の定義は『大辞林第三版』(三省堂)から引用しました。

(1)
充実 ←→ 空虚

「充実」は「足りない点や欠陥がなく、十分に備わっていること」という意味です。反対の意味の言葉は「中に何もはいっていないこと」という意味の「空虚」です。

【正解】　A

残りの選択肢の意味
本望　「本来の望み。かねてからの希望」
薄情　「愛情のうすいこと」
無人　「人がいないこと」
濃厚　「色・味・香りなどが濃いさま」

(2)
詳細 ←→ 概略

「詳細」は「くわしく、こまかなこと」という意味です。反対の意味の言葉は「物事のあらまし。大略」という意味の「概略」です。

【正解】　D

残りの選択肢の意味
報告　「つげ知らせること。特に、研究や調査の結果、与えられた任務の結果などについて述べること」
要点　「物事の中心となる大切な点」
入念　「細かな点にもよく注意すること」
論点　「議論の対象となっている問題点」

(3)
達筆 ←→ 悪筆

「文字を上手に書くこと」を「達筆(たっぴつ)」といいます。「悪筆」は「字がへたなこと」という意味です。

【正解】　B

残りの選択肢の意味

加筆　「文章や絵に筆を加えて修正や追加をすること」
休筆　「作家などが文筆活動を休止すること」
特筆　「特にとりたてて書くこと」
絶筆　「生前に最後に書いた文章や絵など」または「書くことをやめること。筆を断つこと」

(4)

懸念　⟷　安堵

「懸念」は「気になって心から離れないこと。気がかり。心配」という意味です。
「安堵」は「安心すること。心が落ち着くこと」という意味です。

【正解】E

残りの選択肢の意味

楽観　「物事をすべてよいように考えること」
本音　「本心から出た言葉」
承諾　「他人の依頼・要求などをもっともと思い、引き受けること」
満足　「望みが達せられて不平のないこと」

(5)

ゆうゆう　⟷　そそくさ

「ゆう」は漢字で「悠」と書きます。「ゆうゆう」は「あわてずにゆったりと落ち着いているさま」という意味です。
「そそくさ」は「落ち着かないさま。あわただしいさま」という意味です。

【正解】C

残りの選択肢の意味

のんびり　「あくせくせずに、ゆったりとしているさま」
そろそろ　「動作を静かにゆっくり行うさま」
ひろびろ　「いかにも広く感じられるさま」
しぶしぶ　「したくないと思いながら、いやいやながらするさま」

(6)

隆起 ⟷ 陥没

「隆起」の「隆」は盛り上がる様子を表す言葉で、「隆起」は「高くもりあがること」という意味です。
「陥没」は「おちこんで、くぼむこと」という意味です。

【正解】 A

残りの選択肢の意味

滑落　「山の岩場や雪上をすべりおちること」
停滞　「一か所にとどまって先へ進まないこと」
勃興(ぼっこう)　「急激に勢力を増して栄えること」
降下　「高い所からおりること」

(7)

否認 ⟷ 是認

「否認」は「ある事実を認めないこと」、「是認」は「よいと認めること」という意味です。

【正解】 C

残りの選択肢の意味

確認　「はっきり認めること」
視認　「目で実際に確認すること」
公認　「おおやけに認めること」
誤認　「誤って認めること」

(8)

深夜 ⟷ 白昼

「深夜」は「よふけ。まよなか」という意味です。
「白昼(はくちゅう)」は「ひるひなか。まひる」という意味です。

【正解】 E

残りの選択肢の意味
薄暮　「夕方の暗くなりかけたころ」
日暮れ　「太陽の沈む時分」
夜明け　「夜が明けること。太陽がのぼる頃」
昼間　「朝から夕方までの明るい間」

(9)
事実⟷虚構

「事実」は「現実に起こり、または存在する事柄」という意味です。
「虚構」は「事実でないことを事実らしく作り上げること」という意味です。

【正解】A

残りの選択肢の意味
伝説　「特定の人物や事物をめぐって語り伝えられ、かつてその事実が本当に起こったと信じられているもの」
制作　「芸術作品や映画・演劇・放送番組などをつくること」
真偽　「まことといつわり」
偽装　「他人の目をごまかすための装いや行動」

(10)
慇懃（いんぎん）⟷無礼

「慇懃」は「礼儀正しく、丁寧なこと」という意味です。
「無礼」は「礼儀にはずれること」という意味です。
「慇懃」と「無礼」をつなげた「慇懃無礼」という四字熟語もあります。
意味は「表面の態度は丁寧だが、心の中では相手を軽くみていること」です。

【正解】E

残りの選択肢の意味
慢心　「自慢していい気になること」
素朴　「飾り気がなく、ありのままなこと」
丁寧　「注意深く念入りであること」
怠惰　「なまけること」

(11)

「二語関係」の問題です。

二語の関係は、大きく分けて以下の7種類があります。この分類をあらかじめ頭に入れておき、示された二語がどれに当てはまるのかを考えましょう。冊子に分類記号（表中の「⊃」や「⇔」など）を書き込むなどして、素早く答えを探す工夫をするとよいでしょう。

二語関係一覧

関係（記号）	具体例	考え方
含む・含まれる（⊃、⊂）	辞典⊃漢和辞典「辞典」は「漢和辞典」を含む	AはBを含む／Aの一種がB
	野球⊂スポーツ「野球」は「スポーツ」に含まれる	AはBに含まれる／AはBの一種
対立する意味（⇔）	収入⇔支出「収入」に対立する語が「支出」	Aに対立する語がB
役目（役）	石けん：洗浄（役）「石けん」は「洗浄」する	AはBする
原料（原）	日本酒：米（原）「日本酒」は「米」からできる	AはBからできる
同じ意味（＝）	マグネット＝磁石「マグネット」と「磁石」は同じ	AとBは同じ
同列（列）	邦楽：洋楽（列）「邦楽」も「洋楽」も音楽の一種	AもBも〜の一種
一組・ワンセット（組）	針：糸（組）「針」と「糸」は一緒に使う	AとBは一緒に使う

※選択肢の中には、表の7種類に当てはまらないものもあります。「当てはまらないものは"なし"という種類」と考えて解きましょう。

レンガ⊂建材　　　　　　　「レンガ」は「建材」の一種

高校：○D　学校

「建材」とは「建築用の材料」のことです。レンガは建材の一種で、同様に、「高校」はいろいろある「学校」の一種です。

【正解】D

(12)
オートバイ：運転（役）　　「オートバイ」は「運転」する

機械：○B　操作

「オートバイ」は「運転」するものです。同様に、「機械」は「操作」するものです。

【正解】B

(13)
食物⊃白米　　　　　　　　「食物」は「白米」を含む

季節：○A　初秋

「食物」には「白米」が含まれます。同様に、「季節」には「初秋」が含まれます。

【正解】A

(14)
弓：矢（組）　　　　　　　「弓」と「矢」は一緒に使う

たいこ：○E　ばち

「弓」と「矢」はどちらか片方だけでなく、両方一緒に使用します。同様に、「たいこ」と「ばち」は一緒に使います。

【正解】E

(15)
短歌⊂文芸　　　　　　　　「短歌」は「文芸」の一種

静脈：○A　血管

「文芸」とは「詩・小説・戯曲など、言語表現による芸術」のことです。「短歌」も「文芸」の一種です。同様に、「静脈」は「血管」の一種です。

【正解】A

(16)
解散⇔集合　　　　　「解散」に対立する語が「集合」

派遣：○D　召還

「派遣」の意味は「任務を負わせて、他の場所に行かせること」です。「召還」は「大使や公使、また、領事など派遣していた者を命令によって本国に呼び戻すこと」です。

【正解】D

(17)
方位⊃北西　　　　　　「方位」は「北西」を含む

年号：○C　明治

「方位」とは「地平面上のある点における方向が、基準の方向とどのような関係にあるかを表す語」という意味で、「北西」も方位に含まれます。「年号」は「元号」ともいい、「年に付ける呼び名」のことです。「明治」も年号の一種です。

【正解】C

(18)
喜ぶ⇔悲しむ　　　「喜ぶ」と「悲しむ」は対立する語

畏(おそ)れる：○B　侮る

「畏(おそ)れる」は「神仏などを、人為の及ばないものとして敬い、身をつつしむ」という意味です。「侮る」は「相手を見下げて軽んずる。見くびる。軽蔑する」という意味です。

【正解】B

(19)
傘：雨（役）　　　「傘」は「雨」のときに使う（役目）

薬：○E　病気

「傘」は「雨」が降ったときに使うものです。同様に、「薬」は「病気」になったときに治療のために使うものです。

【正解】E

(20)
家屋⊃窓　　　　　「家屋」は「窓」を含む

時計：○B　秒針

「家屋」は「人が住む建物」という意味で、「窓」は家屋の一部です（家屋は窓を含む）。同様に、選択肢の中で時計の一部と言えるのは「秒針」です。

【正解】B

(21)
「カイ在」の「カイ」は「介」と書きます。「介在」の意味は、「人と人、あるいは物事と物事の間にはさまって存在すること」です。

【正解】D

(22)
「圧トウ的」の「トウ」は「倒」と書きます。「圧倒的」の意味は、「比べものにならないほど、他より優勢であるさま」です。

【正解】B

(23)

空欄の前後の文から、空欄に入る言葉を推測します。

空欄の前

> 「加工機能」とは機械と労働とエネルギーを使って原材料を目的にしたがって変形するという「機能」のことである。

空欄の後

> 「加工機能」自身はとっておけるわけではない。

空欄の前後とも、「加工機能」について述べています。空欄の後の「とっておけるわけではない」という内容が、前の文に対してどういう関係にあるのかがわかればよいのですが、空欄の前の文ではわかりません。そこで、さらにさかのぼります。

冒頭から5〜6行目(第2段落)

> 「もの」はとっておけるし、輸送もできる。しかし、「機能」それ自身はそうはいかない。「加工機能」でさえそうである。

ここから、「加工機能はとっておけない」ということを述べていることがわかります。これは、空欄の後ろの「『加工機能』自身はとっておけるわけではない」と同じです。前の内容を受けて、後ろでも同じようなことを述べるときには、Eの「したがって」が最も適切です。

【正解】 E

(24)

空欄の前後の文から、空欄に入る言葉を推測します。

空欄の前

> もちろん、デザイナー、シンクタンク、ソフトウェアハウスのサービスも「もの」に体化するから、立地と生産時間の自由度が高い点では同じである。

空欄の後

> 注文を受けてからでないとサービス供給を開始できないし、締め切り日がある。その意味では繁閑ができやすいので、生産時間の自由度がそれほど高いとはいえない。

　空欄の前で述べられている「立地」「生産時間」の自由度について、空欄の後では「生産時間」についてのみ、繁閑ができやすいという点で「それほど高いとはいえない」と述べられています。空欄の後の文は、空欄の前の文の一部についての補足説明になっています。補足の役目を持つBの「ただ」が適切です。

【正解】B

(25)

「もの」がもつ性質として、選択肢と本文が合致するかどうか、1つずつ見ていきます。

✕ ア　需要供給のバランスを保つのがむずかしいこと。

冒頭から1～3行目（第1段落）

> サービスは「もの」とはちがった独特な性質をもっている。それが、市場における需要供給のマッチングをむずかしくしているという説明をしてきた。

「需要供給」について述べていますが、「サービス」についての需要供給の話であり、「もの」についての需要供給の話ではありません。

○イ　生産時間の自由度が高いこと。
冒頭から8～11行目（第2段落）

> 「加工機能」自身はとっておけるわけではない。ただ、できあがった「もの」が取引されるのであり、これはとっておけるし運べる。**これが工場立地の自由度を高め、計画生産を可能にするのである。**

「計画生産」とは、生産する側の都合に合わせて物作りができるということなので、生産時間の自由度が高いといえます。

○ウ　機能を伝達する手段になること。
冒頭から25～27行目（第4段落）

> **「もの」はサービス供給者の機能を伝達する手段**であって、「もの」に重要性があるわけではない。

「『もの』はサービス供給者の機能を伝達する手段」とあり、合致します。

【正解】　F

(26)

「業種①」が出てくるのは以下の箇所です。これを踏まえて、選択肢と本文が合致するかどうか、1つずつ見ていきます。

冒頭から14～16行目（第3段落）

> 「変形」という機能を果たしているにもかかわらず、サービス産業に分類される業種①がある。**美容業、理容業、修理業、クリーニング業**がそうである。

✕ ア 「業種①」は、在庫を大量に必要とする。
　冒頭から18～20行目（第3段落）

> これでは見込み生産ができず、需要と供給の時間的ギャップを「在庫」でうめるというわけにもいかない。

　美容業、理容業、修理業、クリーニング業といったサービス産業において、需要者は変形という「機能」だけを買うので、「在庫を大量に必要とする」は間違いです。

〇 イ 「業種①」は、需要者の「もの」を変形する。
　冒頭から16～17行目（第3段落）

> これらが製造業とちがう所は、変形を加える「もの」は需要者のものだという点にある。

「これら」は「美容業、理容業、修理業、クリーニング業」などの「業種①」を指します。選択肢と本文の内容が合致します。

✕ ウ 「業種①」は、製造業である。
　冒頭から16～17行目（第3段落）

> これらが製造業とちがう所は、変形を加える「もの」は需要者のものだという点にある。

「製造業とちがう」とあるので、間違いです。

【正解】　B

(27)

「業種₂」が出てくるのは以下の箇所です。これを踏まえて、選択肢と本文が合致するかどうか、1つずつ見ていきます。

冒頭から22〜25行目（第4段落）

> 機能が需要者のものではない「もの」に体化して、なおかつサービス産業に分類される業種₂がある。デザイナーの機能は紙に表現される。シンクタンクの調査結果は報告書という形でクライアントに提出される。ソフトウェアの開発結果も同じようなものである。

✕ア 「業種₂」は、在庫を大量に必要とする。
冒頭から36〜37行目（第5段落）

> 注文を受けてからでないとサービス供給を開始できないし、締め切り日がある。

デザイナー、シンクタンク、ソフトウェアの開発といったサービス産業は、注文を受けてから供給を開始するサービス産業のため、在庫を大量に必要とするとはいえません。

✕イ 「業種₂」は、需要者の「もの」を変形する。
冒頭から22〜23行目（第4段落）

> 機能が需要者のものではない「もの」に体化して、なおかつサービス産業に分類される業種₂がある。

「業種₂」は、「需要者のものではない『もの』に体化」とあります。

○ウ 「業種②」は、立地の自由度が高い。

冒頭から33〜35行目（第5段落）

> もちろん、デザイナー、シンクタンク、ソフトウェアハウスのサービスも「もの」に体化するから、立地と生産時間の自由度が高い点では同じである。

「立地と生産時間の自由度が高い」とあり、選択肢と本文の内容が合致します。

【正解】C

(28)

空欄の前後の文から、空欄に入る言葉を推測します。

空欄の前

> この「かたい」とよく一緒に使われる語を考えて見ると、石、ダイヤ、肉、地面、ネジ、結び目、守り、決心など、いくらもある。ところが、英語でこれらのことを言おうとすると、たくさんの違ったことばが必要となる。

空欄の後

> かたい石はhard stoneだが、かたい肉はtough meatで、かたい決心はfirm determinationといった具合である。

空欄の後の文は、空欄の前で述べていることの具体例です。Dの「たとえば」が適切です。

【正解】D

(29)

空欄の前後の文から、空欄に入る言葉を推測します。

空欄の前

> 英語で、日本語の「かたい」に相当することばは、思いつくだけでも、hard, fast, firm, close, stiff, steady, stable, stark, strong, tight, tough, solid, rigid, secure など多数にのぼる。

空欄の後

> 英語では、同じ「かたさ」でも、石の「かたさ」、噛み切れない肉の「かたさ」、ほどきにくい結び目の「かたさ」など、いろいろ違った「かたさ」に含まれる具体的で個別的な性質の相違に、それぞれ別個の名称（形容詞）が与えられている。

空欄の前の文では英語で「かたい」を表現することばを列挙し、後の文では、英語における「かたさ」の表現の多さについて、「具体的で個別的な性質の相違に、それぞれ別個の名称（形容詞）が与えられている」と説明しています。

空欄の後の文は、空欄の前の具体例を説明する文です。**A**の「つまり」が適切です。

【正解】**A**

(30)

冒頭から21〜24行（第5段落）

> さて日本語の「かたい」を漢字で書く段になると、今度はそこに<u>いくつかの選択</u>があることはだれでも知っている。年齢、教養によって多少の違いはあろうが、多くの人は<u>「かたい」を、固、堅、硬、難のように書き分ける</u>だろう。<u>このような同訓の漢字</u>が多くあるということは（略）

「いくつかの選択」は、「かたい」という形容詞を異なる漢字で書き分けることを指しています。「このような同訓の漢字」とあることからもわかるように「固、堅、硬、難」は同じ訓読みをする漢字で、その中から適切なものを選ぶのですから、**イ**の「同じ訓読みの漢字から適切なものを選ぶこと」が適切です。正解は **B** です。

【正解】 B

(31)

前問で解説したように、本文では「かたい」という1つの言葉について、その言葉に含まれる「かたさ」の具体的で個別的な性質の相違に応じて「固、堅、硬、難」という同訓の漢字で書き分けることについて述べられています。同様に、3つとも同訓で、かつ、言葉を具体的で個別的な性質の違いに応じて書き分けているものが正解です。

✕ア　変、辺、編

3つとも同音の言葉です。訓読みでは「変える」「辺り」「編む」などになり、3つとも読みが異なります。同訓の漢字ではないので間違いです。

✕イ　皮、革、川

3つとも「かわ」という同訓の言葉です。「皮」「革」は同じ言葉を性質の相違に応じて書き分けていると言えますが、「川」は別物です。

○ウ　暑、熱、厚

　3つとも「あつい」という同訓の言葉で、かつ、「あつい」という言葉に含まれる具体的で個別的な性質の相違に応じて書き分けたものです。これが正解です。

※「あつい」という語には共通して「はなはだしい」という意味があります。「暑い」「熱い」はどちらも同源の言葉ですが、「暑い」は主として気温のはなはだしさ、「熱い」は主として温度のはなはだしさを表すときに使います。
　「厚い」はそれ以外の物や心情、病気などさまざまな対象についてのはなはだしさを表すときに使います。

【正解】C

(32)

　選択肢が本文と合致するかどうか、1つずつ見ていきます。

○ア　日本語の意味構造は非常に抽象的である。
冒頭から29〜30行（第5段落）

> 実は本来の日本語、つまり大和ことばの多くは、上に述べた「かたい」のように、意味構造が非常に抽象的であるため、

選択肢と本文の内容が合致します。

○イ　英語と古代中国語には共通の側面がある。
冒頭から24〜26行（第5段落）

> このような同訓の漢字が多くあるということは、実は、古代中国語にも英語とよく似た事物の具体的個別的な側面を重視する傾向があることを示している。

選択肢と本文の内容が合致します。

✗ ウ　日本語は抽象的なので、漢語的発想はそぐわない。

冒頭から28～31行目（第5段落）

> もし日本語から漢字を追放し、その結果として漢語的発想がなくなると、実は本来の日本語、つまり大和ことばの多くは、上に述べた「かたい」のように、意味構造が非常に抽象的であるため、表現全体は極めて冗漫なものになることを見逃してはならない。

本文で、「漢語的発想」は、日本語から漢字を追放したらという仮定の話でのみ登場します。ここでは、日本語に漢語的発想はそぐわないという内容は述べられていません。

【正解】 D

(33)

「事物の具体的個別的な側面を重視する傾向」とは、24～26行目（第5段落）で述べられている古代中国語の傾向のことです。「英語とよく似た」とあることから、英語もこの傾向と言えます。選択肢の内容が、このことを具体的に表したものかどうかを見ていきます。

✗ ア　「かたい」という言葉には必ず「石」や「ダイヤ」などの語を一緒に使うこと。

本文中では、ある言葉について必ず何かの語を一緒に使う、ということは述べられていません。

✗ イ　「かたい」に含まれる細かな性質や条件の差異を無視すること。

冒頭から17～20行（第4段落）

> 日本語の「かたい」は、細かな性質や条件の差異を無視して、すべてに共通する非常に抽象的な性質、つまり《外から力が加わっても、その形あるいは性質を変えない》を意味内容としている。この点日本語は抽象的と言える。

「細かな性質や条件の差異を無視」は、日本語の「かたい」が抽象的な性質を意味内容としているという説明の一部です。古代中国語、および英語の「事物の具体的個別的な側面を重視する傾向」とは関係ありません。

〇ウ　英語では、「かたさ」に含まれる性質の違いに応じて、異なる形容詞が与えられていること。

冒頭から14〜17行目（第4段落）

> 英語では、同じ「かたさ」でも、石の「かたさ」、噛み切れない肉の「かたさ」、ほどきにくい結び目の「かたさ」など、いろいろ違った「かたさ」に含まれる具体的で個別的な性質の相違に、それぞれ別個の名称（形容詞）が与えられている。

選択肢と本文の内容が合致します。

【正解】C

検 査 II

● 設問ごとに8つの選択肢があります。
　正しいと思うものを1つだけ選んで、
　回答用紙のマークの文字が見えなくなるまで、
　鉛筆で黒く、濃く、塗りつぶしてください。

（例）
Ⓐ Ⓑ ● Ⓓ Ⓔ Ⓕ Ⓖ Ⓗ

● 問題数は多めになっていますので、
　あせらずに、落ち着いて解いてください。

● 検査IIの問題数は40問、検査時間は40分です。

（※この扉はオリジナルの問題冊子の表紙を再現したものです。本書にはマークシートはついていません）

次の表を使って、(1)から(12)までの12問に答えなさい。

町名	総人口(人)	0~14歳(人)	15~64歳(人)	65歳以上(人)	労働力人口(人)	農業従事者(人)	農業従事者率
P町	5659	745	3767		2845	1026	36.1%
Q町	12310	1475		2163	7023	365	
R町		1578	9035	2564		563	7.2%
S町	2373		1589	449	1632	1254	76.8%
T町	827	123	522	182	487		82.3%
⋮	⋮	⋮	⋮	(中略)	⋮	⋮	⋮
全県合計	127619		85404		69845	12654	18.1%

表中の65歳以上人口は、次の式で表される。

　65歳以上人口＝総人口－（0～14歳人口＋15～64歳人口）

また、表中の農業従事者率は、次の式で表される。

$$農業従事者率 = \frac{農業従事者数}{労働力人口} \times 100$$

(1) Q町の総人口はP町の総人口に比べて何人多いか。

　　A　730人　　　　E　6651人
　　B　1546人　　　F　9937人
　　C　3200人　　　G　11483人
　　D　3286人　　　H　AからGのいずれでもない

(2) S町の総人口を千人を単位として表すと、どのようになるか。

　　A　0.2373千人　　E　2373千人
　　B　2.373千人　　 F　23730千人
　　C　23.73千人　　 G　237300千人
　　D　237.3千人　　 H　AからGのいずれでもない

(3) P町の65歳以上人口は何人か。

A 1147人　　E 3022人
B 1886人　　F 4512人
C 1892人　　G 4914人
D 2637人　　H AからGのいずれでもない

(4) S町の0〜14歳人口は何人か。

A 335人　　E 1233人
B 784人　　F 1924人
C 791人　　G 2038人
D 1140人　　H AからGのいずれでもない

(5) R町の総人口は何人か。

A 10021人　　E 12310人
B 10613人　　F 13177人
C 11599人　　G 27105人
D 12177人　　H AからGのいずれでもない

(6) Q町の15〜64歳人口は何人か。

A 688人　　E 10147人
B 3638人　　F 10835人
C 4103人　　G 11622人
D 8672人　　H AからGのいずれでもない

下表は148ページの表とまったく同じものである。以下の問いを解くのに使いなさい。

町名	総人口（人）	0～14歳（人）	15～64歳（人）	65歳以上（人）	労働力人口（人）	農業従事者（人）	農業従事者率
P町	5659	745	3767		2845	1026	36.1%
Q町	12310	1475		2163	7023	365	
R町		1578	9035	2564		563	7.2%
S町	2373		1589	449	1632	1254	76.8%
T町	827	123	522	182	487		82.3%
⋮	⋮	⋮	⋮	(中略)	⋮	⋮	⋮
全県合計	127619		85404		69845	12654	18.1%

表中の65歳以上人口は、次の式で表される。
　65歳以上人口＝総人口－（0～14歳人口＋15～64歳人口）
また、表中の農業従事者率は、次の式で表される。

$$農業従事者率 = \frac{農業従事者数}{労働力人口} \times 100$$

（7）T町の15～64歳人口は0～14歳人口の何倍か（必要なときは、最後に小数点以下第2位を四捨五入すること）。

- A　0.2倍
- B　1.6倍
- C　2.4倍
- D　2.9倍
- E　4.2倍
- F　4.5倍
- G　6.7倍
- H　AからGのいずれでもない

（8）S町の総人口は全県の総人口の何%にあたるか（必要なときは、最後に小数点以下第2位を四捨五入すること）。

A　1.5%　　　　E　30.3%
B　1.9%　　　　F　53.8%
C　13.0%　　　G　66.9%
D　18.6%　　　H　AからGのいずれでもない

（9）R町の0～14歳人口は全県の0～14歳人口の9%にあたる。全県の0～14歳人口は何人か（必要なときは、最後に小数点以下第1位を四捨五入すること）。

A　3921人　　　E　42215人
B　14202人　　F　81315人
C　17533人　　G　100388人
D　23076人　　H　AからGのいずれでもない

（10）Q町の農業従事者率は何%か（必要なときは、最後に小数点以下第2位を四捨五入すること）。

A　4.9%　　　　E　66.6%
B　5.2%　　　　F　73.9%
C　19.2%　　　G　94.8%
D　25.6%　　　H　AからGのいずれでもない

(11) T町の農業従事者は何人か（必要なときは、最後に小数点以下第1位を四捨五入すること）。

A　40人　　　E　405人
B　59人　　　F　430人
C　169人　　 G　681人
D　401人　　 H　AからGのいずれでもない

(12) R町の労働力人口は何人か（必要なときは、最後に小数点以下第1位を四捨五入すること）。

A　635人　　　E　6502人
B　782人　　　F　7819人
C　2001人　　 G　8472人
D　4054人　　 H　AからGのいずれでもない

次の（13）から（22）までの10問に答えなさい。

> K市にあるD山の展望台から眺めると、美術館は南西の方角に見えた。美術館を正面に見て展望台に立つと、市役所は真後ろに位置し、野球場はちょうど左に見えた。

（13）野球場は、展望台から見てどの方角にあたるか。

A　東　　　E　南東
B　西　　　F　南西
C　南　　　G　北東
D　北　　　H　北西

（14）市役所は、展望台から見てどの方角にあたるか。

A　東　　　E　南東
B　西　　　F　南西
C　南　　　G　北東
D　北　　　H　北西

(15) D
(16) D

美術館には市内の地図がおいてある。この地図の縮尺は $\frac{1}{2500}$ である。

(**17**) 地図上で、たて4cm、よこ5cmの長方形の区域は、実際には何㎡あるか。

A　500㎡　　　E　20000㎡
B　1250㎡　　F　40000㎡
C　5000㎡　　G　50000㎡
D　12500㎡　 H　AからGのいずれでもない

(**18**) 2500㎡の正方形の区域は、この地図上では一辺が何cmになるか。

A　0.1cm　　E　2.0cm
B　0.2cm　　F　2.5cm
C　0.5cm　　G　5.0cm
D　1.0cm　　H　AからGのいずれでもない

P、Q、R、Sの4人は、それぞれ同時刻に自分の家を出て野球場に向かった。このとき4人が野球場に着いた順番について、次のことがわかっている。
- Ⅰ）QはSよりも先に着いた
- Ⅱ）最初に着いたのはQではない
- Ⅲ）同時に着いた人はいない

（19） 次の推論ア、イ、ウのうち、<u>必ずしも誤りとはいえないもの</u>はどれか。AからHまでの中から1つ選びなさい。

ア　2番目に着いたのはSである
イ　3番目に着いたのはQである
ウ　最後に着いたのはPである

A　アだけ　　　　E　アとウの両方
B　イだけ　　　　F　イとウの両方
C　ウだけ　　　　G　アとイとウのすべて
D　アとイの両方　H　ア、イ、ウのいずれも誤りである

（20） 最も少ない情報で4人が着いた順番がすべてわかるためには、Ⅰ）からⅢ）までの情報のほかに、次のカ、キ、クのうちどれが加わればよいか。AからHまでの中から1つ選びなさい。

カ　RはQより後に着いた
キ　RはSより後に着いた
ク　最初に着いたのはPである

A　カだけ　　　　E　カとクの両方
B　キだけ　　　　F　キとクの両方
C　クだけ　　　　G　カとキとクのすべて
D　カとキの両方　H　カ、キ、クのすべてが加わっても決まらない

(21) F 75m

(22) B −270m

次の（23）と（24）の２問に答えなさい。

> P、Q、R、S、T、Uの６人について、次のことがわかっている。
> 　Ⅰ）Q、S、Uの３人とTは性別が異なる
> 　Ⅱ）Rは女性である

（23）次の推論ア、イ、ウのうち、必ず正しいといえるものはどれか。AからHまでの中から１つ選びなさい。

　　ア　Sが男性なら、女性の数は２人以下である
　　イ　Sが女性なら、男性の数は２人以下である
　　ウ　SとPが同性だとしたら、男性と女性の人数の差は３人以下である

　　A　アだけ　　　　E　アとウの両方
　　B　イだけ　　　　F　イとウの両方
　　C　ウだけ　　　　G　アとイとウのすべて
　　D　アとイの両方　H　ア、イ、ウのいずれも必ず正しいとはいえない

（24）最も少ない情報で６人それぞれの性別がわかるためには、Ⅰ）とⅡ）の情報のほかに、次のカ、キ、クのうちどれが加わればよいか。AからHまでの中から１つ選びなさい。

　　カ　男性の人数は、女性の人数より少ない
　　キ　RとTは異性、QとRは同性である
　　ク　RとSは同性、PとUは異性である

　　A　カだけ　　　　E　カとクの両方
　　B　キだけ　　　　F　キとクの両方
　　C　クだけ　　　　G　カとキとクのすべて
　　D　カとキの両方　H　カ、キ、クのすべてが加わってもわからない

次の（25）から（32）までの8問に答えなさい。

> ある空港でこれから旅行をする人たちにアンケート調査を実施したところ、海外旅行をする人が40％、国内旅行をする人が60％であった。

(25) 国内旅行をする人のうち、九州に行く人が19％、北海道に行く人が24％であった。国内旅行で九州と北海道以外の地域に行く人は、アンケートに答えた人のうちの何％か（必要なときは、最後に小数点以下第2位を四捨五入すること）。

A　11.4％　　E　34.2％
B　17.2％　　F　45.6％
C　22.8％　　G　48.6％
D　25.8％　　H　AからGのいずれでもない

(26) 海外旅行をする人のうち、南米に行く人が15％で、そのうちブラジルに行く人が60％であった。ブラジルに行く人は、アンケートに答えた人のうちの何％か（必要なときは、最後に小数点以下第2位を四捨五入すること）。

A　1.8％　　E　20.4％
B　2.4％　　F　24.0％
C　3.6％　　G　36.0％
D　5.4％　　H　AからGのいずれでもない

> これから海外旅行をする人に、いちばん好きな乗り物を1つだけあげさせたところ、飛行機と答えた人が $\frac{4}{9}$ で、飛行機と答えなかった人のうちの $\frac{1}{4}$ が船と答えた。

(27) 船と答えた人は、これから海外旅行をする人のうちどれだけか。

- A $\frac{1}{18}$
- B $\frac{1}{9}$
- C $\frac{5}{36}$
- D $\frac{7}{36}$
- E $\frac{1}{4}$
- F $\frac{1}{3}$
- G $\frac{7}{18}$
- H AからGのいずれでもない

(28) 電車と答えた人は、これから海外旅行をする人の $\frac{1}{12}$ である。飛行機、船、電車以外の乗り物をあげた人は、これから海外旅行をする人のうちどれだけか。

- A $\frac{1}{9}$
- B $\frac{5}{36}$
- C $\frac{2}{9}$
- D $\frac{5}{18}$
- E $\frac{1}{3}$
- F $\frac{7}{18}$
- G $\frac{2}{3}$
- H AからGのいずれでもない

九州に行く人、南米に行く人それぞれ250人について調査した。

(29) 九州に行く人のうち、カメラを持って行く人が170人、運転免許証を持って行く人が140人、どちらも持って行かない人が20人いた。カメラと運転免許証の両方とも持って行く人は何人か。

A　20人　　E　80人
B　40人　　F　90人
C　60人　　G　110人
D　70人　　H　AからGのいずれでもない

(30) 南米に行く人のうち、カメラを持って行く人が110人、ガイドブックを持って行く人が120人、どちらも持って行かない人が60人いた。カメラは持って行くがガイドブックは持って行かない人は何人か。

A　30人　　E　70人
B　40人　　F　80人
C　50人　　G　90人
D　60人　　H　AからGのいずれでもない

国内のある旅館の1泊あたりの宿泊料金は、平日料金で大人1人12000円である。

(31) この旅館に休日の前の日に宿泊する場合、宿泊料金が平日料金の15％増しになる。休日の前の日に大人2人で1泊すると、宿泊料金は合計でいくらになるか。

A　13800円
B　24000円
C　26000円
D　27600円
E　28100円
F　29000円
G　36000円
H　AからGのいずれでもない

(32) 小学生以下は、この旅館に大人の料金の60％で宿泊できる。大人2人と小学生1人が平日料金で1泊すると、宿泊料金は合計でいくらになるか。

A　16800円
B　19200円
C　25200円
D　28800円
E　31200円
F　33600円
G　36000円
H　AからGのいずれでもない

次の（33）から（36）までの4問に答えなさい。

J、K、L、M、Nの5人の身長について調査したところ、次のことがわかった。

Ⅰ）Kの身長は2番目に高い
Ⅱ）NはJより身長が高く、Lより身長が低い
Ⅲ）同じ身長の人はいなかった

Ⅰ）、Ⅱ）、Ⅲ）はすべて正しい。さらに、甲、乙、丙の3つの報告がなされたが、これらは必ずしもすべてが信頼できるとはいえない。

甲　Lの身長は最も高い
乙　Mの身長は最も低い
丙　Nの身長は3番目に高い

（33）次の推論ア、イ、ウのうち、正しいものはどれか。AからHまでの中から1つ選びなさい。

ア　甲が正しければ乙も必ず正しい
イ　乙が正しければ丙も必ず正しい
ウ　丙が正しければ甲も必ず正しい

A　アだけ　　　　　E　アとウの両方
B　イだけ　　　　　F　イとウの両方
C　ウだけ　　　　　G　アとイとウのすべて
D　アとイの両方　　H　ア、イ、ウのいずれも正しいとはいえない

（**34**）次の推論**カ**、**キ**、**ク**のうち、正しいものはどれか。**A**から**H**までの中から１つ選びなさい。

 カ　甲が正しければ丙も必ず正しい
 キ　乙が正しければ甲も必ず正しい
 ク　丙が正しければ乙も必ず正しい

A	**カ**だけ	E	**カ**と**ク**の両方
B	**キ**だけ	F	**キ**と**ク**の両方
C	**ク**だけ	G	**カ**と**キ**と**ク**のすべて
D	**カ**と**キ**の両方	H	**カ**、**キ**、**ク**のいずれも正しいとはいえない

J、K、L、M、Nの5人が、下図のような3つずつ2列に並んだ6つの椅子のいずれかに座った。5人の座った椅子について、次のことがわかっている。

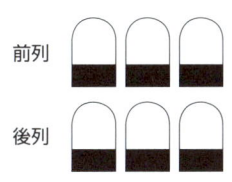

（図：前列3席、後列3席）

Ⅰ）Kは前列に座った
Ⅱ）LとNは隣り合って座った
Ⅲ）JはMの真後ろに座った

(35) 次の推論サ、シ、スのうち、あり得ないものはどれか。AからHまでの中から1つ選びなさい。

サ　JとNは隣り合って座った
シ　Mは真ん中の椅子に座った
ス　Nは前列に座った

A　サだけ
B　シだけ
C　スだけ
D　サとシの両方
E　サとスの両方
F　シとスの両方
G　サとシとスのすべて
H　サ、シ、スのいずれもあり得る

（36）次の推論タ、チ、ツのうち、必ず正しいといえるものはどれか。AからHまでの中から1つ選びなさい。

タ　Mの隣にはだれも座っていない椅子があった
チ　Kの隣にはだれも座っていない椅子があった
ツ　Lの隣にはだれも座っていない椅子があった

A　タだけ
B　チだけ
C　ツだけ
D　タとチの両方
E　タとツの両方
F　チとツの両方
G　タとチとツのすべて
H　タ、チ、ツのいずれも正しいとはいえない

次の（37）から（40）までの4問に答えなさい。ただし、消費税は考えないものとする。

> あるスーパーでは、定価の合計で8000円以上購入した場合、総額の4％を割り引くサービスを行っている。

（37）定価3400円の商品を2個と定価1300円の商品を1個購入した場合、いくら支払うことになるか。

- A　3240円
- B　4860円
- C　6804円
- D　7290円
- E　7776円
- F　7938円
- G　8100円
- H　AからGのいずれでもない

（38）Pは定価2050円の商品を4個購入し、Qは定価6000円の商品と定価1900円の商品を1個ずつ購入した。支払い金額はどちらがどれだけ多いか。

- A　Pが28円多い
- B　Pが288円多い
- C　Pが300円多い
- D　PとQは同額
- E　Qが28円多い
- F　Qが288円多い
- G　Qが300円多い
- H　AからGのいずれでもない

あるスーパーでは、原価に2割5分の利益をのせて定価を設定している。

(**39**) 定価1500円の商品の原価はいくらか（必要なときは、最後に小数点以下第1位を四捨五入すること）。

A 900円 　　　　E 1250円
B 1050円 　　　F 1275円
C 1125円 　　　G 1350円
D 1200円 　　　H AからGのいずれでもない

(**40**) 原価560円の商品を定価で売り、15000円以上の利益を得るには、この商品を最低何個売ればよいか。

A 22個 　　　　E 81個
B 27個 　　　　F 108個
C 35個 　　　　G 134個
D 56個 　　　　H AからGのいずれでもない

JMAT 検査 II 解答と解説

(1)～(6)

この問題では、表を読み取り、表の空欄に当てはまる人数を求める力が試されています。

情報を整理するスピードと、計算速度が決め手です。表をじっくりと読み込む必要はありません。問題文に出てくる項目名などを手がかりにして、手早く数値を拾いましょう。表の下に書かれている計算式を使って計算する問題も出るので、提示される計算式を見逃さないようにしましょう。

(1)

町名	総人口(人)	0～14歳(人)	15～64歳(人)	65歳以上(人)	労働力人口(人)	農業従事者(人)	農業従事者率
P町	5659	745	3767		2845	1026	36.1%
Q町	12310	1475		2163	7023	365	

：（略）

表の総人口の欄を読み取ると、Q町の総人口は12310人、P町の総人口は5659人ですから、

　　Q町総人口　　P町総人口　　Q町の総人口は何人多いか
　　12310人　　－　　5659人　　＝　　6651人

【正解】E

(2)

町名	総人口(人)	0～14歳(人)	15～64歳(人)	65歳以上(人)	労働力人口(人)	農業従事者(人)	農業従事者率
：（略）							
S町	2373		1589	449	1632	1254	76.8%

：（略）

表から、S町の総人口は2373人です。千人を単位として表すのですから、これを1000で割って求めます。

S町総人口　千人を単位にする
2373人　÷　1000　=　2.373千人

【正解】B

（参考）この問題とは反対に、千人単位の数値から、元の数値を求める問題が出題されることもあります。

その際には、千人単位の数値に1000をかけて求めます。また、万の単位で出題されることもありますが、計算のやり方は同じです。

(3)

町名	総人口 （人）	0～14歳 （人）	15～64歳 （人）	65歳以上 （人）	労働力人口 （人）	農業従事者 （人）	農業従事者率
P町	5659	745	3767		2845	1026	36.1%

⋮（略）

表の下に書かれている計算式「65歳以上人口＝総人口－（0～14歳人口＋15～64歳人口）」に、P町の数値を当てはめます。

総人口　　0～14歳人口　15～64歳人口　　　　　　　65歳以上人口
5659人 －（ 745人 ＋ 3767人 ）＝ 5659 － 4512 ＝ 1147人

【正解】A

(4)

町名	総人口(人)	0〜14歳(人)	15〜64歳(人)	65歳以上(人)	労働力人口(人)	農業従事者(人)	農業従事者率
：(略)							
S町	2373		1589	449	1632	1254	76.8%
：(略)							

表の下に書かれている計算式「65歳以上人口＝総人口－（0〜14歳人口＋15〜64歳人口）」に、S町の数値を当てはめます。不明な0〜14歳人口はxとします。

　　総人口　　0〜14歳人口　15〜64歳人口　　65歳以上人口
$$2373人 - (\ x\ +\ 1589人\ ) = 449人$$
$$x = 2373 - 449 - 1589$$
$$x = 335$$

S町の0〜14歳人口は335人です。

【正解】A

(5)

町名	総人口(人)	0〜14歳(人)	15〜64歳(人)	65歳以上(人)	労働力人口(人)	農業従事者(人)	農業従事者率
：(略)							
R町		1578	9035	2564		563	7.2%
：(略)							

表の下に書かれている計算式「65歳以上人口＝総人口－（0〜14歳人口＋15〜64歳人口）」に、R町の数値を当てはめます。不明な総人口はxとします。

$$
\begin{array}{cccc}
\text{総人口} & \text{0～14歳人口} & \text{15～64歳人口} & \text{65歳以上人口} \\
x - (& 1578\text{人} + & 9035\text{人}) & = & 2564\text{人}
\end{array}
$$

$$x = 2564 + (1578 + 9035)$$

$$x = 13177$$

R町の総人口は13177人です。

【正解】 F

(6)

町名	総人口(人)	0～14歳(人)	15～64歳(人)	65歳以上(人)	労働力人口(人)	農業従事者(人)	農業従事者率
： (略)							
Q町	12310	1475		2163	7023	365	
： (略)							

表の下に書かれている計算式「65歳以上人口＝総人口－（0～14歳人口＋15～64歳人口）」に、Q町の数値を当てはめます。不明な15～64歳人口はxとします。

$$
\begin{array}{cccc}
\text{総人口} & \text{0～14歳人口} & \text{15～64歳人口} & \text{65歳以上人口} \\
12310\text{人} - (& 1475\text{人} + & x\ ) & = & 2163\text{人}
\end{array}
$$

$$x = 12310 - 2163 - 1475$$

$$x = 8672$$

Q町の15～64歳人口は8672人です。

【正解】 D

(7) ～ (12)

この問題では、表を読み取り、もとになる量・割合・比べる量の関係から数値を求める力が試されています。
解き方のコツは（1）～（6）と同じです。

(7)

町名	総人口(人)	0～14歳(人)	15～64歳(人)	65歳以上(人)	労働力人口(人)	農業従事者(人)	農業従事者率
： (略)							
T町	827	123	522	182	487		82.3%
： (略)							

表から、T町の15～64歳人口は522人、0～14歳人口は123人。従って、

15～64歳人口　　0～14歳人口　　何倍か
　522人　　÷　　123人　　＝　4.24…

となります。小数点以下第2位を四捨五入すると4.2倍です。

【正解】E

(8)

町名	総人口(人)	0～14歳(人)	15～64歳(人)	65歳以上(人)	労働力人口(人)	農業従事者(人)	農業従事者率
： (略)							
S町	2373		1589	449	1632	1254	76.8%
： (略)							
全県合計	127619		85404		69845	12654	18.1%

表から、S町の総人口は2373人、全県の総人口は127619人です。S町の総人口の、全県の総人口に占める割合を求めるのですから、「S町の総人口÷全県の総人口×100（%）」を計算します。

	S町の総人口		全県の総人口		%に換算		S町の総人口の全県の総人口に占める割合
	2373人	÷	127619人	×	100	=	1.85… ≒ 1.9%

【正解】B

(9)

町名	総人口(人)	0～14歳(人)	15～64歳(人)	65歳以上(人)	労働力人口(人)	農業従事者(人)	農業従事者率
：（略）							
R町		1578	9035	2564		563	7.2%
：（略）							
全県合計	127619		85404		69845	12654	18.1%

表から、R町の0～14歳人口は1578人です。これが、全県の0～14歳人口の9％にあたるのですから、「全県の0～14歳人口×0.09＝1578人」の式が成り立ちます。この式を変形して「1578人÷0.09＝全県の0～14歳の人口」を計算します。

R町の0～14歳人口		全県の0～14歳人口に占める割合		全県の0～14歳人口
1578人	÷	0.09	=	17533.3… ≒ 17533人

【正解】C

(10)

町名	総人口(人)	0～14歳(人)	15～64歳(人)	65歳以上(人)	労働力人口(人)	農業従事者(人)	農業従事者率
︙(略)							
Q町	12310	1475		2163	7023	365	
︙(略)							

表の下に書かれている計算式「農業従事者率 = $\frac{農業従事者数}{労働力人口} \times 100$」に、Q町の数値を当てはめます。

農業従事者数　　　　　　　　　　　　農業従事者率

$$\frac{365}{7023} \times 100 = 365 \div 7023 \times 100 = 5.19\cdots ≒ 5.2\%$$

労働力人口

【正解】B

(11)

町名	総人口(人)	0～14歳(人)	15～64歳(人)	65歳以上(人)	労働力人口(人)	農業従事者(人)	農業従事者率
︙(略)							
T町	827	123	522	182	487		82.3%
︙(略)							

表の下に書かれている計算式「農業従事者率 = $\frac{農業従事者数}{労働力人口} \times 100$」に、T町の数値を当てはめます。不明の農業従事者数は x とします。

農業従事者数　　　農業従事者率

$$\frac{x}{487} \times 100 = 82.3\%$$

労働力人口

$$x = 82.3 \div 100 \times 487$$
$$x = 400.8\cdots$$

小数点以下第1位を四捨五入して、農業従事者数は401人です。

【正解】D

(12)

町名	総人口 (人)	0〜14歳 (人)	15〜64歳 (人)	65歳以上 (人)	労働力人口 (人)	農業従事者 (人)	農業 従事者率
：（略）							
R町		1578	9035	2564		563	7.2%
：（略）							

表の下に書かれている計算式「農業従事者率 = $\frac{農業従事者数}{労働力人口} \times 100$」に、R町の数値を当てはめます。不明の労働力人口はxとします。

$$\underset{\text{労働力人口}}{\overset{\text{農業従事者数}}{\frac{563}{x}}} \times 100 = \overset{\text{農業従事者率}}{7.2\%}$$

$$x = 563 \times 100 \div 7.2$$
$$x = 7819.4\cdots$$

小数点以下第1位を四捨五入して、労働力人口は7819人です。

【正解】 F

(13) (14)
　この問題では、文章で記述された複数地点の相対的な位置関係から絶対的な位置を把握する力と、それに基づいて相対的な位置関係（方角）を導く力が試されています。
　このような地図の問題においては、文章で記述された内容を、東西南北に留意して、図に整理することがポイントです。

(13)

「D山の展望台」を中心に、他の建物の位置を考えます。東西・南北を書いておくと、方角を間違えないでしょう。

> ①K市にあるD山の展望台から眺めると、美術館は南西の方角に見えた。
> ②美術館を正面に見て展望台に立つと、市役所は真後ろに位置し、③野球場はちょうど左に見えた。

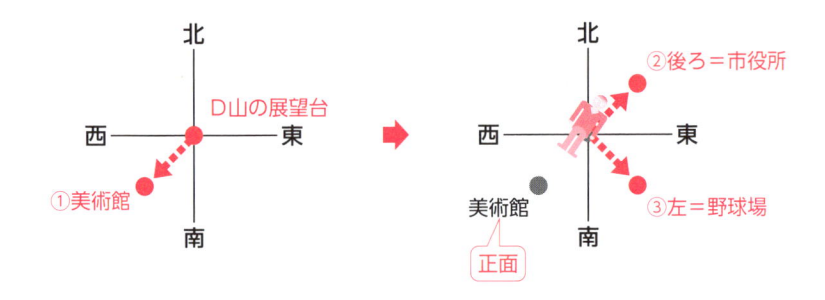

野球場は、展望台から見て南東の方角にあたります。

【正解】E

(14)

前問の図より、市役所は、展望台から見て北東の方角にあたります。

【正解】G

（15）（16）

　この問題も（13）（14）と同様に、複数地点の相対的な位置関係から、方角を導き出す力が試されています。

　中心となる建物から順番に、情報を図に示していくとよいでしょう。図に東西・南北を書いておくと、方角を間違えません。

(15)

「市役所」を中心に、本文の順番に従って、すべての建物の位置を図に示します。

> ①K市では、図書館と銀行と小学校と警察署が、市役所を中心とした円周上に並んでいる。②図書館は市役所から見て南東の方角に、③小学校は図書館から見て北西の方角に、④警察署は小学校から見て東の方角に、⑤銀行は警察署から見て南西の方角にある。

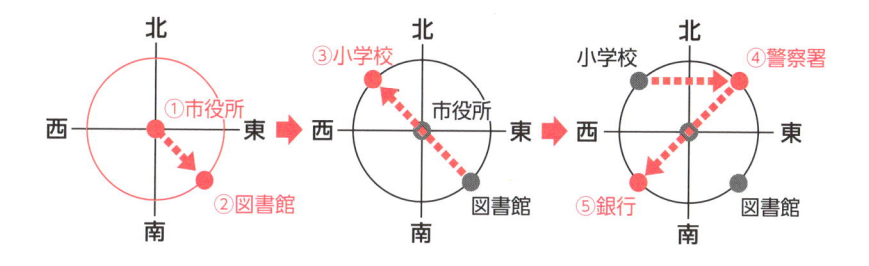

警察署は、図書館から見て北の方角にあたります。

【正解】D

(16)

前問の図より、小学校は、銀行から見て北の方角にあたります。

【正解】D

(17) (18)

　この問題では、文章を読み取り、地図の縮尺をもとにして、実際の面積や地図上の長さを求める計算力が試されています。

　縮尺と実際の長さとの関係を理解することが必要です。文章に出てくる数値を図にして整理するのもよいでしょう。計算して求めた数値も図に書き足していくと、求めるものを正確に把握することができます。計算では、単位の換算に気をつけましょう。

(17)

　まず、たて、よこの実際の長さを求めます。縮尺が $\frac{1}{2500}$ なので、実際の長さは地図上の長さの2500倍になります。

　　たての実際の長さ：4cm × 2500 = 10000cm = 100m
　　よこの実際の長さ：5cm × 2500 = 12500cm = 125m

　※先に面積を求めてから単位の換算を行うと、桁数が多くなって計算ミスをしやすくなるので、長さを求めるときに単位の換算を行います。

　面積は、たて×よこで求められるので、

　　たて　　よこ　　　面積
　　100m × 125m = 12500㎡

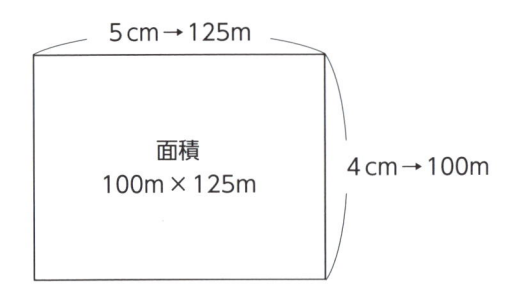

```
　　　　5cm→125m
　┌─────────────┐
　│             │
　│   面積      │
　│ 100m×125m   │ 4cm→100m
　│             │
　└─────────────┘
```

【正解】D

(18)

まず、実際の区域の一辺の長さを求めます。この区域は正方形ですから、たて、よこの長さは同じです。

面積 　　たて　　よこ
$2500 \text{m}^2 = 50\text{m} \times 50\text{m}$ 　→　一辺は 50m

ここで単位を cm に換算すると

　$50\text{m} = 5000\text{cm}$

この地図の縮尺は $\frac{1}{2500}$ なので、地図上の長さは

　$5000\text{cm} \div 2500 = 2\text{cm}$

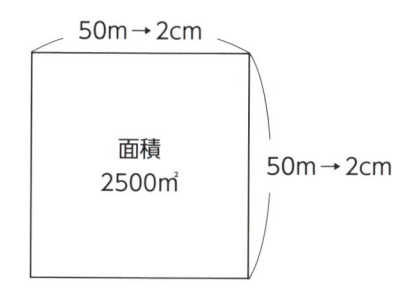

```
      50m→2cm
    ┌─────────┐
    │         │
    │  面積   │ 50m→2cm
    │ 2500㎡  │
    │         │
    └─────────┘
```

【正解】 E

(19)(20)

この問題では、いくつかの条件をもとに順番を推測する力が試されています。

与えられた条件からわかることを書き出していくのが一番です。持ち時間が短いので、簡略化して書き出すのがコツです。

ビジネスにおいてはわずかな情報の中から演繹的に推論をし、さらにその推論が適切かどうかを検証する状況が多々あります。これらの設問は、そういったことができるかどうかをシミュレーションしているといえます。

条件Ⅰ)〜Ⅲ)からわかる、野球場に着いた順番を書き出します。スピードを出すために、記号や図で略記するとよいでしょう。例えば、QがSより早く着いたときは、Q＞Sと表します。

Ⅰ) QはSよりも先に着いた　　**Q＞S**

Ⅱ) 最初に着いたのはQではない

　　　PかR＞Q　※Qより先に着いたのは、PかRのいずれか、または両方
　　　　　　　　　（Sは、条件Ⅰ）により、あり得ない）

Ⅲ) 同時に着いた人はいない

つまり、考えられる順番は以下のいずれかです。

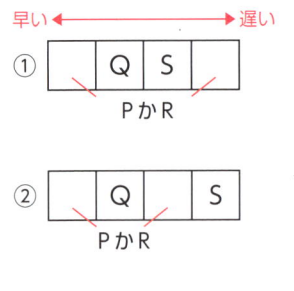

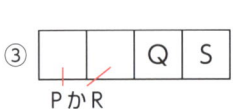

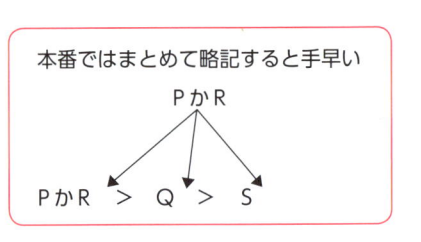

早い ←―――→ 遅い

① [　|Q|S|　]　PかR

② [　|Q|　|S]　PかR

③ [　|　|Q|S]　PかR

本番ではまとめて略記すると手早い

PかR
 ↓↓↓
PかR ＞ Q ＞ S

(19)

推論ア～ウを、①～③に当てはめて、成り立つかどうかを考えます。成り立つものが1つでも考えられれば、その推論は「必ずしも誤りとはいえないもの」となります。

~~ア~~ 2番目に着いたのはSである
　　Sが2番目に着くものは①～③にはない（Sは3番目か4番目）
　　→ 確実に誤り

(イ) 3番目に着いたのはQである

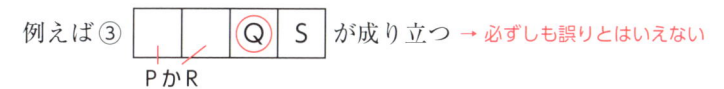

　　例えば③ | | |Q|S| が成り立つ → 必ずしも誤りとはいえない
　　　　　　　　PかR

　　※1つでも成り立てば「必ずしも誤りとはいえないもの」と決まります。ほかは検証する必要ありません。

(ウ) 最後に着いたのはPである

　　例えば① |R|Q|S|P| が成り立つ → 必ずしも誤りとはいえない

必ずしも誤りとはいえないのは、**イ**と**ウ**です。

【正解】F

(20)

最初に考えた順番に、情報**カ**〜**ク**を加えて、順番がすべて決まるかどうかを考えます。

カ(×) RはQより後に着いた

以下のように複数の順番が考えられます。順番は決まりません。

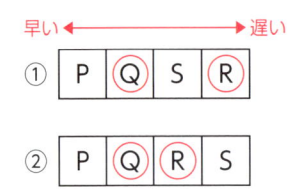

早い ←――→ 遅い

① | P | Ⓠ | S | Ⓡ |

② | P | Ⓠ | Ⓡ | S |

キ RはSより後に着いた

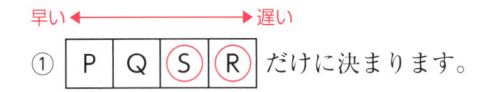

早い ←――→ 遅い

① | P | Q | Ⓢ | Ⓡ | だけに決まります。

ク(×) 最初に着いたのはPである

以下のように複数の順番が考えられます。順番は決まりません。

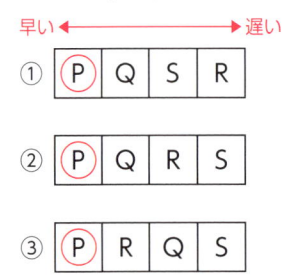

早い ←――→ 遅い

① | Ⓟ | Q | S | R |

② | Ⓟ | Q | R | S |

③ | Ⓟ | R | Q | S |

キの条件が加われば、4人が野球場に着いた順番が決まります。

【正解】 B

（21）（22）
　この問題では、表を読み取り、複数の地点間の標高の差を、プラスマイナスに注意して求める力が試されています。
　わかっている数値をもとに、相互の位置関係を図に整理するとよいでしょう。
　適切な手順を踏めば確実に答えの出る問題というものもビジネスには存在します。その際、重要なのは複雑な条件をきれいに整理することです。この設問はその能力を測定しています。

　表からわかる位置関係を書き出すと、以下の通りです。

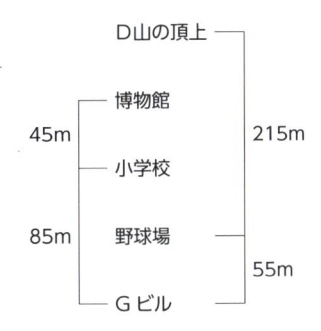

```
          D山の頂上 ┐
        ┌ 博物館   │
   45m │  小学校   │ 215m
        └ 野球場    │
   85m              ┘
        ┌         ┐
        └ Gビル   ┘ 55m
```

(21)

　答えるときは、見上げるものはプラス、見下ろすものはマイナスの数値になることに注意します。

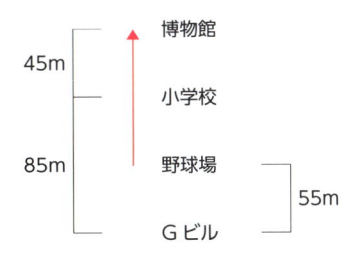

```
      ┌ 博物館 ↑
 45m │  小学校
      └ 野球場    ┐
 85m    Gビル    ┘ 55m
```

博物館は、野球場から見上げた位置にあります。よって答えはプラスです。計算には、Ｇビルとの標高差を利用します。

（85m － 55m）＋ 45m ＝ 75m

【正解】 F

(22)

Ｄ山の頂上とＧビルの位置関係は、以下の通りです。

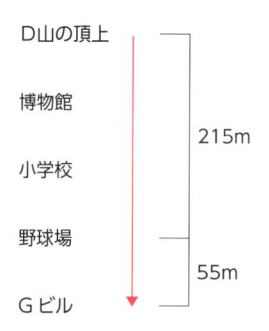

```
Ｄ山の頂上  ┐
            │
博物館      │
            │ 215m
小学校      │
            │
野球場      ┘┐
             │ 55m
Ｇビル      ↓┘
```

Ｇビルは、Ｄ山の頂上から見下ろした位置にあります。よって答えはマイナスです。

－215m ＋（－55m）＝ －270m

【正解】 B

(23)(24)

この問題では、2つの条件をもとに、推論が正しいか否かを推測する力が試されています。また、条件にどのような最小限度の情報を加えればほかの情報が導き出せるか、つまり、問題解決のために必要な最小限度の情報は何かを考える力も試されています。

推論の正否を正確に判断するために、条件から考えられることを書き出すとよいでしょう。

(23)

条件Ⅰ)、Ⅱ)からわかる性別は、以下の通りです。

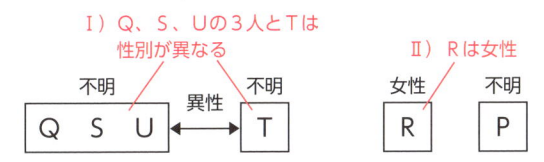

Ⅰ) Q、S、Uの3人とTは性別が異なる
Ⅱ) Rは女性

不明	異性	不明		女性	不明
Q S U	↔	T		R	P

これに、推論ア〜ウを当てはめて、「必ず正しいといえるもの」を選びます。1つでも誤りがあれば、「必ず正しい」とはいえません。

ア（×） Sが男性なら、女性の数は2人以下である

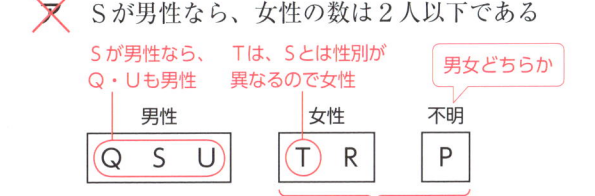

Sが男性なら、Q・Uも男性
Tは、Sとは性別が異なるので女性
男女どちらか

男性	女性	不明
Q S U	T R	P

女性は2人または3人

女性は2人または3人です。2人なら推論は正しいのですが、3人なら誤りです。1つでも誤りがあれば、「必ず正しい」とはいえません。

イ Sが女性なら、男性の数は2人以下である

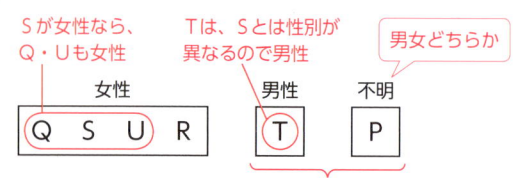

Sが女性なら、Q・Uも女性
Tは、Sとは性別が異なるので男性
男女どちらか

女性　男性　不明
[Q S U R]　[T]　[P]

男性は1人または2人

男性は1人または2人です。いずれの場合も男性は2人以下なので、推論は必ず正しいといえます。

ウ SとPが同性だとしたら、男性と女性の人数の差は3人以下である

Sが女性なら、Q・Uも女性
Tは、Sとは性別が異なるので男性

女性　　　　　　　男性
SとPが女性の場合　[Q S U P R]　[T]

男女差は4人

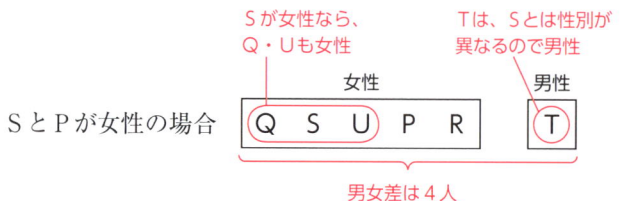

SとPが女性の場合、男女差は4人なので、推論は誤りです。1つでも誤りがあれば、「必ず正しい」とはいえません。

※誤りが見つかったので、SとPが男性の場合は検討不要です。

必ず正しいといえるのは**イ**だけです。

【正解】B

(24)

条件Ⅰ)、Ⅱ)からわかる性別は以下の通りです（前問と同じ）。

不明　　異性　不明　　女性　不明
[Q S U] ←→ [T]　　[R]　[P]

6人の性別を判明させるために必要なのは、以下の2つの情報です。
　①「Q、S、U」と「T」のうち、だれか1人の性別
　②「P」の性別

情報**カ**～**ク**によって、①②の両方が判明するかどうかを考えます。

~~**カ**~~ 男性の人数は、女性の人数より少ない

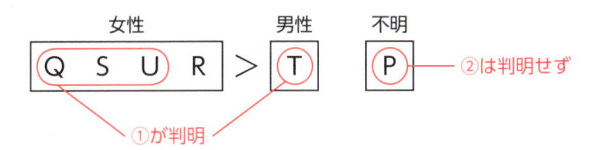

```
    女性         男性    不明
┌─────────┐  ┌───┐  ┌───┐
│ Q S U R │>│ T │  │ P │ ──②は判明せず
└─────────┘  └───┘  └───┘
      └─①が判明
```

女性のほうが多いなら「Q、S、U」は女性です（人数の半分を占めるのがQ、S、Uなので）。「Q、S、U」が女性なら「T」は男性です。Pの性別は不明のままです。

~~**キ**~~ RとTは異性、QとRは同性である

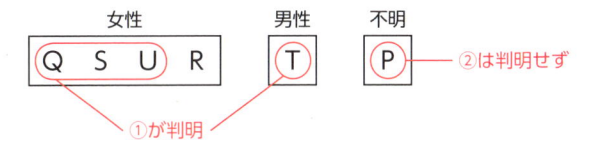

```
    女性         男性    不明
┌─────────┐  ┌───┐  ┌───┐
│ Q S U R │  │ T │  │ P │ ──②は判明せず
└─────────┘  └───┘  └───┘
      └─①が判明
```

RとTが異性なら、「T」は男性です（Rは女性なので）。Tが男性なら「Q、S、U」は女性です。もう1つの情報「QとRが同性」からは、新たに判明する性別はありません。Pの性別は不明のままです。

◯**ク** RとSは同性、PとUは異性である

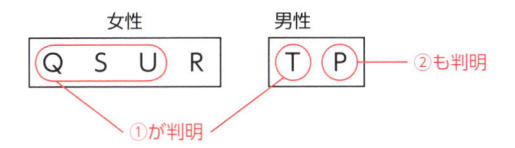

```
    女性         男性
┌─────────┐  ┌───────┐
│ Q S U R │  │ T   P │ ──②も判明
└─────────┘  └───────┘
      └─①が判明
```

RとSが同性なら、「S」は女性です。Sが女性なら「Q、U」も女性、「T」は男性です。また、PとUが異性なら、「P」は男性です。

クだけで、6人それぞれの性別がわかります。

【正解】C

(25)(26)
この問題では、文章を読み取り、割合を求める力が試されています。
文章を読み取る力に加え、割合の概念理解と計算力が必要です。**どのような関係になっているのかを図にすると解きやすくなります。**

(25)

設問文を図にすると、以下の通りです。

海外 40%	国内 60%		
	九州 19%	北海道 24%	九州と北海道以外

アンケートに答えた人のうち、60%が国内旅行をする人です。そのうちの、九州と北海道以外の地域に行く人の割合を求めます。

　　　国内　　国内全体　　九州　　北海道　　　答えた人のうち九州と北海道以外の国内
　　　0.6　×　(1 − (0.19 + 0.24))　=　0.342　➡　34.2%

【正解】E

(26)

設問文を図にすると、以下の通りです。

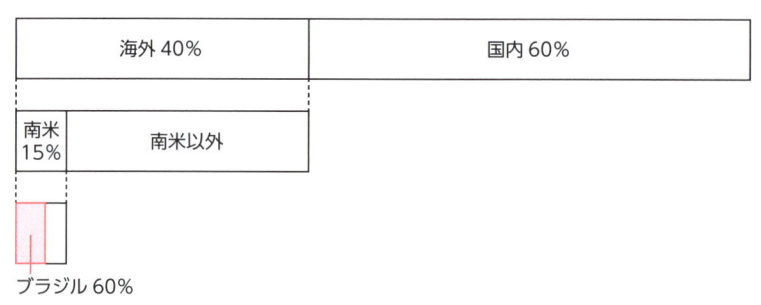

海外 40%	国内 60%
南米 15% / 南米以外	
ブラジル 60%	

アンケートに答えた人のうち、40%が海外旅行をする人です。そのうちの、ブラジルに行く人の割合を求めます。

　　　海外　　南米　　ブラジル　　答えた人のうちブラジル
　　　0.4　×　0.15　×　0.6　=　0.036　➡　3.6%

【正解】C

(27)(28)
　この問題では、文章を読み取り、分数で割合を求める力が試されています。**このような分数の割合を求める問題では、まず、四則計算のうちのどれを使うかを見極め、約分・通分に注意して計算することがポイントです。**

　なお、このような分数の割合を求める問題を含め、数値を求める問題では、前の問題で求めた答えを次の問題でも使うことがよくあります。1問目で計算ミスをすると、次の問題も間違えてしまいますので、慎重に計算することが必要です。

(27)

設問文を図にすると以下の通りです。

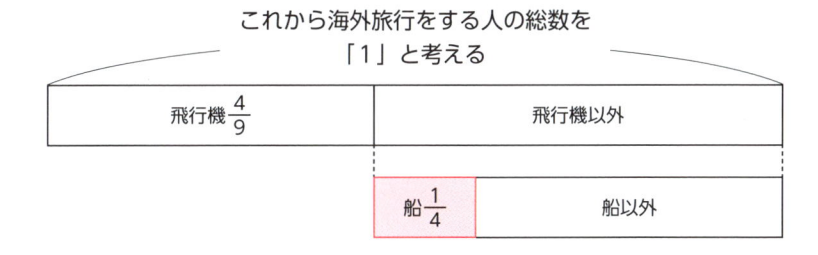

これから海外旅行をする人の総数を「1」と考える

| 飛行機 $\frac{4}{9}$ | 飛行機以外 |

| | 船 $\frac{1}{4}$ | 船以外 |

飛行機は、全体の $\frac{4}{9}$ なので、飛行機以外は、

全体　飛行機　飛行機以外
$$1 - \frac{4}{9} = \frac{5}{9}$$

飛行機以外のうち、船が $\frac{1}{4}$ なのでかけ算して

飛行機以外　　船　　　　　　　　海外旅行をする人のうち船
$$\frac{5}{9} \times \frac{1}{4} = \frac{5 \times 1}{9 \times 4} = \frac{5}{36}$$

【正解】C

(28)

設問文を図にすると以下の通りです。

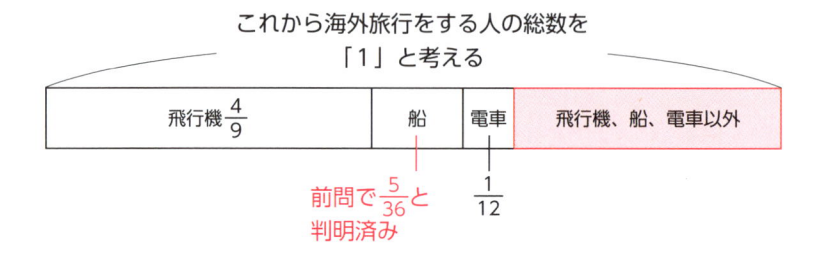

これから海外旅行をする人の総数を「1」と考える

| 飛行機 $\frac{4}{9}$ | 船 | 電車 | 飛行機、船、電車以外 |

船: 前問で $\frac{5}{36}$ と判明済み
電車: $\frac{1}{12}$

船は、前問で $\frac{5}{36}$ と判明済みです。全体から、飛行機と船と電車の和を引くと、「飛行機、船、電車以外」が求められます。

全体　飛行機　船　電車　　　　　　　　　　　　　飛行機、船、電車以外

$$1 - \left(\frac{4}{9} + \frac{5}{36} + \frac{1}{12}\right) = 1 - \left(\frac{16}{36} + \frac{5}{36} + \frac{3}{36}\right) = \frac{12}{36}\frac{1}{3} = \frac{1}{3}$$

【正解】E

(29) (30)

　この問題では、調査結果からある条件に当てはまる人数を求める力が試されています。集合（ある条件に当てはまるものの集まりのこと）の概念理解と計算力が必要です。

　図で整理するのが確実な方法です。文章で書かれている条件を集合の図として視覚化することで、何を求めるのか、どうやったら求められるのかを把握することができます。

　ビジネスでは「集合」の概念もよく使われます。集合の概念が理解できないと、まったく見当外れなデータの読み違いをしたりすることもあります。それほど重要な「集合」を理解できているかどうかを測定しているのがこれらの設問です。

(29)

　九州に行く人のうち、カメラを持って行く人と、運転免許証を持って行く人を図にすると、以下の通りです。

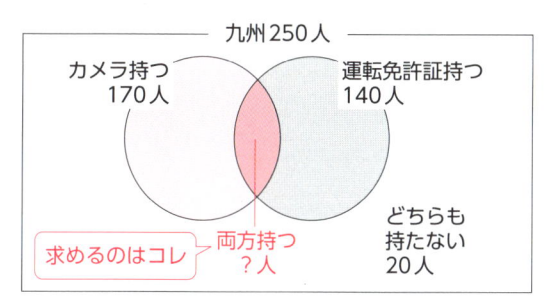

```
                 九州 250人
    カメラ持つ          運転免許証持つ
      170人              140人


                              どちらも
                              持たない
  求めるのはコレ  両方持つ     20人
                    ？人
```

　九州に行く250人すべてが、「カメラ持つ」「運転免許証持つ」「どちらも持たない」のいずれかに該当します。3つを足して、九州に行く人を超えた分が、両方持って行く人数です。

カメラ持つ		運転免許証持つ		どちらも持たない		3つの和
170人	+	140人	+	20人	=	330人

3つの和		九州行く		両方持つ
330人	−	250人	=	80人

【正解】 E

(30)

　南米に行く人のうち、カメラを持って行く人と、ガイドブックを持って行く人を図にすると、以下の通りです。

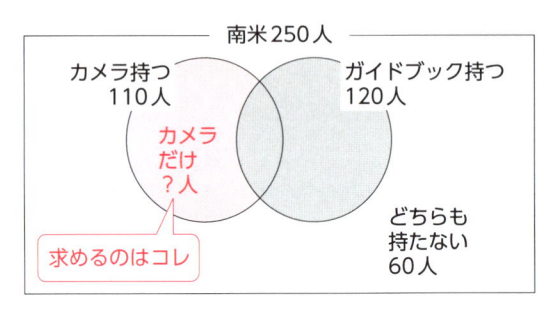

```
┌─────── 南米250人 ───────┐
│  カメラ持つ      ガイドブック持つ │
│   110人          120人        │
│    ╱⌒╲    ╱⌒╲              │
│   ( カメラ ( ▓▓ )             │
│    だけ  ╲  ╱                │
│    ?人   ╲╱                  │
│    ╲⌒╱                       │
│  求めるのはコレ                │
│                  どちらも     │
│                  持たない     │
│                  60人        │
└─────────────────────────┘
```

　「カメラは持って行くがガイドブックは持って行かない人」は、図の赤色の部分です。

　(29) と同様の方法で両方持って行く人を求めて、カメラを持つ110人から引いてもよいのですが、もっと簡単な方法があります。

　南米に行く250人から、「ガイドブック持つ（図の灰色の部分）」「どちらも持たない」を引けばよいのです。残りは「カメラだけ」となります。

　　南米行く　　ガイドブック持つ　どちらも持たない　カメラだけ持つ
　　250人　−　（　120人　＋　　60人　）＝　　70人

【正解】E

(31)(32)

この問題では、文章を読み取り、割合を計算して金額を求める力が試されています。

通常料金に対する割増料金の求め方は「通常料金×（1＋割増率）＝割増料金」、割引料金は「通常料金×（1－割引率）＝割引料金」です。

％（パーセント）や割合はビジネスでは日常的に使用されている概念です。その理解度をこれらの設問で測定します。

(31)

休日の前の日の宿泊料金は、平日料金の15％増しなので、「平日料金×1.15」となります。これに人数の2人分をかけ算すれば、宿泊料金の合計が求められます。

　　　平日料金　　　15％増し　　人数　　休日の前の日の大人2人の料金
　　　12000円　×　1.15　×　2人　＝　27600円

【正解】D

(32)

小学生は大人の料金の60％で宿泊できます（割引率でいうと40％引き）。従って、小学生の料金は「大人の平日料金×0.6」です。大人2人、小学生1人の料金をそれぞれ求めた後で足し算します。

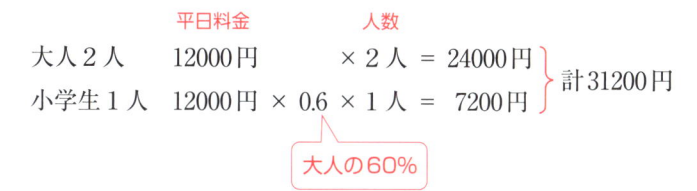

　　　　　　　　平日料金　　　　　人数
大人2人　　　12000円　　　　×　2人　＝　24000円 ┐
小学生1人　　12000円　×　0.6　×　1人　＝　7200円 ┘計31200円

（大人の60％）

【正解】E

(33)(34)
この問題では、3つの条件をもとに、推論が正しいか否かを推測する力が試されています。

推論の正否を正確に判断するために、条件から考えられることを書き出すとよいでしょう。

条件Ⅰ)から「Kは2番目に高い」、条件Ⅱ)から「L＞N＞J」です。残る「M」が何番目かわかれば身長順が確定します。考えられる身長順は以下の4つです。

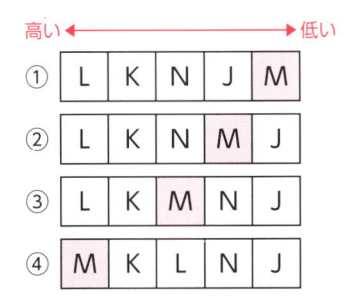

高い ←――――→ 低い

① | L | K | N | J | M |
② | L | K | N | M | J |
③ | L | K | M | N | J |
④ | M | K | L | N | J |

(33)

前記の身長順に、報告 甲～丙を当てはめます。報告が正しいときに考えられる身長順、および「～が正しければ～も必ず正しい」が成り立つかどうかは、以下の通りです。

✗ ア 甲が正しければ乙も必ず正しい

～が正しければ　　　考えられる身長順

甲（Lは最も高い）
① | L | K | N | J | M |
② | L | K | N | M | J |
③ | L | K | M | N | J |

➡ 乙は正しいとは限らない
（②③で最も低いのはMではない）

(イ) 乙が正しければ丙も必ず正しい

～が正しければ　　　考えられる身長順

乙（Mは最も低い）
① | L | K | N | J | M |

➡ 丙も正しい
（Nは3番目）

(ウ) 丙が正しければ甲も必ず正しい

～が正しければ　　　考えられる身長順

丙（Nは3番目に高い）
① | L | K | N | J | M |
② | L | K | N | M | J |

➡ 甲も正しい
（Lは最も高い）

正しいものは**イ**と**ウ**です。

【正解】F

(34)

　最初に考えた身長順に、報告 甲〜丙を当てはめます。報告が正しいときに考えられる身長順、および「〜が正しければ〜も必ず正しい」が成り立つかどうかは、以下の通りです。

✗ カ　甲が正しければ丙も必ず正しい

〜が正しければ　　考えられる身長順

甲（Lは最も高い）

① | L | K | N | J | M |
② | L | K | N | M | J |
③ | L | K | M | N | J |

➡ 丙は正しいとは限らない
（③で3番目に高いのはNではない）

◯ キ　乙が正しければ甲も必ず正しい

〜が正しければ　　考えられる身長順

乙（Mは最も低い）　① | L | K | N | J | M |

➡ 甲も正しい
（Lは最も高い）

✗ ク　丙が正しければ乙も必ず正しい

〜が正しければ　　考えられる身長順

丙（Nは3番目に高い）① | L | K | N | J | M |
② | L | K | N | M | J |

➡ 乙は正しいとは限らない
（②で最も低いのはMではない）

正しいものは**キ**だけです。

【正解】B

(35)(36)

この問題では、3つの条件をもとに、推論が正しいか否かを推測する力が試されています。

推論の正否を正確に判断するために、条件から考えられることを書き出すとよいでしょう。

条件Ⅰ)〜Ⅲ)から考えられる順番は以下の通りです。

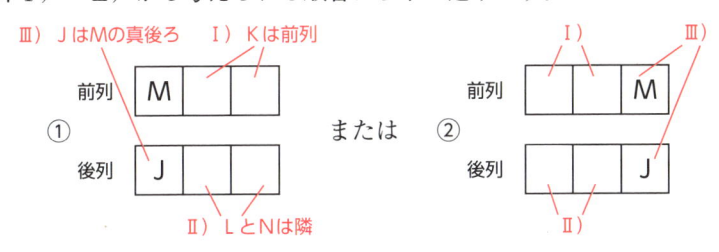

① Ⅲ) JはMの真後ろ　Ⅰ) Kは前列
前列 | M | | |
後列 | J | | |
Ⅱ) LとNは隣

または

② Ⅰ) ／ Ⅲ)
前列 | | | M |
後列 | | | J |
Ⅱ)

(35)

上記の①、②に、推論**サ〜ス**を当てはめて、あり得ないものを選びます。

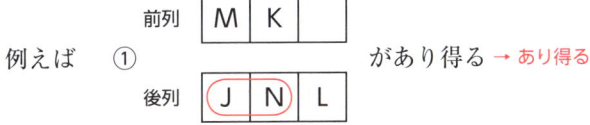

~~サ~~　JとNは隣り合って座った

例えば ①
前列 | M | K | |
後列 | J | N | L |
があり得る → **あり得る**

Ⓢ シ　Mは真ん中の椅子に座った
①、②ともMは端の椅子 → **あり得ない**

Ⓢ ス　Nは前列に座った
①、②ともNは後列（前列はKとMがいるため、残り1席。LがNと隣り合うためには後列に座る必要がある）→ **あり得ない**

あり得ないのは**シ**と**ス**です。

【正解】F

(36)

最初に考えた順番①、②に、推論タ〜ツを当てはめて、「必ず正しいといえるもの」を選びます。1つでも誤りがあれば、「必ず正しい」とはいえません。

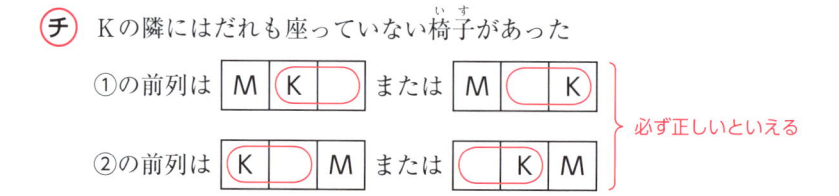

~~タ~~ Mの隣にはだれも座っていない椅子があった

例えば　①
前列 | M | K | 　 |
後列 | J | N | L |

なら誤り → 必ず正しいとはいえない

㋑ Kの隣にはだれも座っていない椅子があった

①の前列は | M |(K)| 　 | または | M | 　 |(K)|
②の前列は |(K)| M | 　 | または | 　 |(K)| M |

} 必ず正しいといえる

※前列にはMとKしか座っていない。Mは端なので、Kの片側は必ず空席。

~~ツ~~ Lの隣にはだれも座っていない椅子があった

①、②とも、Lの隣には、JかNが座る（Lは後列で、後列はJ、N、Lの3人ですべて席が埋まるため）→ 確実に誤り（必ず正しいとはいえない）

必ず正しいといえるのは、**チ**だけです。

【正解】B

(37)(38)

この問題では、文章を読み取り、割合から金額を求める力が試されています。

一定額を超えるかどうかで、割り引かれるかどうかが異なることに注意して計算することがポイントです。

(37)

まず、定価の合計額を求めます。定価3400円の商品を2個と、定価1300円の商品を1個購入したのですから、定価の合計額は

　　　定価　　個数　　　定価　　個数　　定価の合計額
　（3400円×2）＋（1300円×1）＝　8100円

この8100円は8000円以上ですから、総額（定価の合計額）の4％が割り引かれます。従って、支払い金額は

　　　総額　　　　4％引き　　支払い金額
　　8100円 ×（1－0.04）＝　7776円

【正解】E

(38)

まず、P、Qそれぞれの定価の合計額を求めます。

P　2050円 × 4 = 8200円

Q　6000円 + 1900円 = 7900円

ここで、Pは8000円以上なので総額の4％が割り引かれますが、Qは8000円未満なので割り引かれません。

　　　　　　　　　　　　　総額　　　　　4％引き　　支払い金額
Pの支払い金額は　8200円 ×（1 − 0.04）=　7872円
Qの支払い金額は　購入金額の合計と同じで7900円

従って、支払い金額が多いのはQで、支払い金額の差は

　　　Q　　　　P　　　支払い金額の差
　7900円　−　7872円　=　28円

【正解】E

(39)(40)
　この問題では、文章に出てくる割合から、金額や個数を求める力が試されています。原価と利益と定価の関係の理解と、計算力が必要です。
　うまく解くコツは、計算に取りかかる前に情報を整理することです。簡単な図にまとめるのもよいでしょう。
　原価・利益・定価というビジネスでは常識的な概念の理解度を測定しているのがこれらの設問です。

(39)

設問からわかる情報を図にまとめると、以下の通りです。

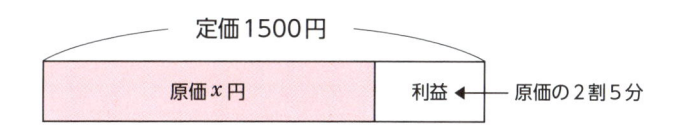

```
       ┌──── 定価1500円 ────┐
       ┌──────────────┬─────┐
       │   原価 x 円    │ 利益 │ ← 原価の2割5分
       └──────────────┴─────┘
```

不明な原価を「x」として、「原価×（1＋利益の割合）＝定価」の式に当てはめます。

　　　原価　（1＋利益の割合）　　定価
$$x \times (1 + 0.25) = 1500 \text{円}$$
$$x = 1500 \div 1.25$$
$$x = 1200$$

原価は1200円です。

【正解】D

(40)

設問からわかる情報を図にまとめると、以下の通りです。

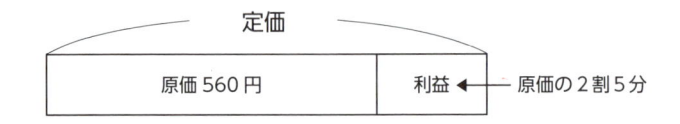

```
        定価
┌─────────────────┬──────┐
│   原価 560 円    │ 利益 │ ← 原価の2割5分
└─────────────────┴──────┘
```

設問文から「原価に2割5分の利益をのせ」たのが定価です。つまり、原価に2割5分（0.25）をかければ、1個あたりの利益がわかります。

　　原価　　　2割5分　　1個あたりの利益
　　560円　×　0.25　＝　140円

合計で「15000円以上」の利益を得るために必要な商品数を計算します。

　　目標の利益　1個あたりの利益　何個売ればいいか
　　15000円　÷　140円　＝　107.1…

　　　　　　　　　　➡ 107個だと目標に足りない。108個

　　※商品数の小数点以下は切り上げます。
　　　×切り捨てだと　　140円×107個＝14980円　足りない！
　　　○切り上げだと　　140円×108個＝15120円　目標達成！

【正解】F

第4部
性格・指向検査

NMATの性格検査と
指向検査とは……………………………… 206ページ

JMATの性格検査と
指向検査とは……………………………… 250ページ

NMATの性格検査と指向検査とは

NMATの性格検査とは

　NMATの性格検査は、受検者の性格特徴と役職への適性を見るための検査です。大きく分けて以下の2つで診断をします。

● **性格特徴**
　受検者の性格にどのような傾向があるかを、8つの尺度から診断します。

● **役職タイプ**
　性格特徴の結果から、4つの役職タイプごとに適性がどの程度あるかを診断します。

NMATの指向検査とは

　NMATの指向検査は、4つの役職タイプへの受検者の指向（役職指向）を見るための検査です。ここでいう「指向」とは、潜在的な適性というよりは、受検者の現在の希望です。

性格・指向検査の構成

検査Ⅲ（性格検査）180問
検査Ⅳ（指向検査）45問
制限時間　検査Ⅲと検査Ⅳをあわせて約40分

NMATの検査Ⅲ（性格検査）の再現問題

1番から120番までの各項目は、AとBを読んで、あなたの日常の行動により近いほうを選んでください。選択肢は以下の4段階に分かれていますので、必ず1つだけマークしてください。

（※再現問題です。オリジナルそのままではありません）

		Aに近い / どちらかといえばAに近い / どちらかといえばBに近い / Bに近い	
1	A 現状の問題点に着目する（変革）	A A' B' B	B 現状のよさに着目する（維持）
2	A 文章を書くとき内容は前もって整理する（思索）	A A' B' B	B 文章を書くとき内容は書きながら考えていく（行動）
3	A 行動するときに人の目が気になる（承認）	A A' B' B	B 行動するときに人がどう思うか気にしない（自律）
4	A 客観的な態度を心がける（理性）	A A' B' B	B 思いやりのある態度を心がける（心情）
5	A 面白みがあるほうだ（外向）	A A' B' B	B 面白みはないほうだ（内向）
6	A 重要な問題は自分1人で考えるほうだ（統率）	A A' B' B	B 重要な問題は周囲に意見を求めるほうだ（調整）
7	A 早とちりする（大胆）	A A' B' B	B 余分な心配までする（慎重）
8	A ひらめきを大切にする（変革）	A A' B' B	B 経験を大切にする（維持）
9	A いかなることでも絶対に忘れることはない（虚偽尺度【＋】）	A A' B' B	B 思い出そうとして思い出せなかったことがある（虚偽尺度【－】）
10	A 協調性に優れている（調整）	A A' B' B	B 統率力が高い（統率）

注　それぞれの項目がどの尺度を測るものであるかを（　）内に示しました。もちろん実際の問題には載っていません。尺度についてはこの後で解説します。

121番から165番までの各項目は、AとBを読んで、あなたの考えや意見により近いほうを選んでください。選択肢は以下の4段階に分かれていますので、必ず1つだけマークしてください。

		Aに近い / どちらかといえばAに近い / どちらかといえばBに近い / Bに近い	
121	A 文学や芸術を好む（心情）	A A' B' B	B 数学や科学を好む（理性）
122	A 本の中からたくさんのことを学びたい（思索）	A A' B' B	B 体験の中からたくさんのことを学びたい（行動）
123	A しゃべらないことは苦にならない（内向）	A A' B' B	B しゃべらないことはつらい（外向）
124	A 一歩一歩段階を踏む業務がしたい（維持）	A A' B' B	B オリジナリティを求められる業務がしたい（変革）
125	A 仕事ができることを重視する（理性）	A A' B' B	B 人間味があることを重視する（心情）
126	A 多くの人と一緒に行う課題が好きだ（外向）	A A' B' B	B 少人数で行う課題が好きだ（内向）
127	A 迅速さをモットーとしている（大胆）	A A' B' B	B 着実さをモットーとしている（慎重）
128	A 仲間を引っ張っていきたい（統率）	A A' B' B	B 仲間を支えていきたい（調整）
129	A 他人と違う行動はとりたくない（承認）	A A' B' B	B 他人と同じ行動はとりたくない（自律）
130	A 未経験の業務に挑戦したい（変革）	A A' B' B	B 慣れた業務を深めたい（維持）

注 それぞれの項目がどの尺度を測るものであるかを（　）内に示しました。もちろん実際の問題には載っていません。尺度についてはこの後で解説します。

166番から180番までの各項目は、AとBを読んで、あなたにぴったりするほうを選んでください。選択肢は以下の4段階に分かれていますので、必ず1つだけマークしてください。

		Aのほうがぴったりする／どちらかといえばAのほうがぴったりする／どちらかといえばBのほうがぴったりする／Bのほうがぴったりする		
166	A 大胆 （大胆）	A A' B' B	B 慎重	（慎重）
167	A 主張 （統率）	A A' B' B	B 援助	（調整）
168	A 理性 （理性）	A A' B' B	B 人情	（心情）
169	A 念には念を入れる （慎重）	A A' B' B	B 思い立ったが吉日	（大胆）
170	A 構想を練る （思索）	A A' B' B	B 構想を実現させる	（行動）

注 それぞれの項目がどの尺度を測るものであるかを（ ）内に示しました。
　もちろん実際の問題には載っていません。尺度についてはこの後で解説します。

NMATの検査Ⅳ（指向検査）の再現問題

この検査には質問が45項目あります。質問項目を読んで、<u>あなたにぴったりするほう</u>を選んでください。選択肢は以下の4段階に分かれていますので、必ず1つだけマークしてください。

（※再現問題です。オリジナルそのままではありません）

			そうしたい（そうなりたい）	ややそうしたい（ややそうなりたい）	あまりそうしたくない（あまりそうなりたくない）	そうしたくない（そうなりたくない）
1	慣れ親しんだ分野で働く	（実務推進指向）	A	B	C	D
2	新しい事業を軌道に乗せる	（創造革新指向）	A	B	C	D
3	確実に実務を行う	（実務推進指向）	A	B	C	D
4	研究・開発に従事する	（企画開発指向）	A	B	C	D
5	管理能力が求められる職務につく	（組織管理指向）	A	B	C	D
6	社外でも通用するスペシャリティが求められる職務につく	（企画開発指向）	A	B	C	D
7	創造性を発揮できる職務につく	（創造革新指向）	A	B	C	D
8	リーダーシップを生かすことができる職務につく	（組織管理指向）	A	B	C	D
9	従来のやり方を応用して業務を進める	（企画開発指向）	A	B	C	D
10	熟知した業務を確実に進める	（実務推進指向）	A	B	C	D
11	大きな権力を持つ	（組織管理指向）	A	B	C	D
12	グループをまとめながら業務を進める	（組織管理指向）	A	B	C	D
13	新たな部署を開き運営していく	（創造革新指向）	A	B	C	D
14	現状を打開する力が必要とされる職務につく	（創造革新指向）	A	B	C	D

注　それぞれの項目がどの尺度を測るものであるかを（　）内に示しました。もちろん実際の問題には載っていません。尺度についてはこの後で解説します。

NMATの性格検査の診断結果

性格検査の診断結果

　性格検査の結果、診断表に、8つの尺度が表示されます。

　性格検査の8つの尺度を組み合わせることによって、4つの「役職タイプ」も表示されます。

　その診断表を再現したものを次に載せます。

　人事だけが見る「人事用報告書」と、検査を受けた当人に渡される「本人用報告書」の2種類があります。

　この2種類には、当然、内容の違いがあります。その点にも注目して、ご覧になってみてください。

管理者適性検査NMAT

人事用報告書

| 名前 | | 性別 | | 年齢 | |

〈人間関係の特徴〉

尺度	特徴	20	30	40	50	60	70	80	尺度	特徴
内向									外向	
調整									統率	
心情									理性	
繊細									強靱	

〈職務遂行の特徴〉

尺度	特徴	20	30	40	50	60	70	80	尺度	特徴
維持									変革	
思索									行動	
慎重									大胆	
承認									自律	

〈基礎能力〉

尺度	標準得点	20	30	40	50	60	70	80
基礎能力総合								
言語(概念理解)								
非言語(論理性)								

〈このプロフィールの人にみられる特徴〉

人間関係	職務遂行

〈役職タイプ別適性〉

―組織管理タイプ―

	低	中	高
高	E	B	A
中	G	D	C
低	I	H	F

↑性格的適性↓　――基礎能力総合――→

―企画開発タイプ―

	低	中	高
高	E	B	A
中	G	D	C
低	I	H	F

↑性格的適性↓　――基礎能力総合――→

―実務推進タイプ―

	低	中	高
高	E	B	A
中	G	D	C
低	I	H	F

↑性格的適性↓　――基礎能力総合――→

―創造革新タイプ―

	低	中	高
高	E	B	A
中	G	D	C
低	I	H	F

↑性格的適性↓　――基礎能力総合――→

〈役職タイプ別指向〉

尺度	内容	標準得点	20　30　40　50　60　70　80
組織管理指向			
企画開発指向			
実務推進指向			
創造革新指向			

管理者適性検査NMAT

本人用報告書

名前	性別	年齢

〈人間関係の特徴〉

尺度	特徴	かなり	やや	やや	かなり	尺度	特徴
内向						外向	
調整						統率	
心情						理性	
繊細						強靱	

〈職務遂行の特徴〉

尺度	特徴	かなり	やや	やや	かなり	尺度	特徴
維持						変革	
思索						行動	
慎重						大胆	
承認						自律	

〈コメント〉

人間関係	職務遂行

〈基礎能力〉

尺度	標準得点	低い やや低い ふつう やや高い 高い
言語(概念理解)		
非言語(論理性)		

〈タイプ別の適応性と指向〉

尺度	内容	弱い	やや弱い	ふつう	やや強い	強い
組織管理タイプ						
企画開発タイプ						
実務推進タイプ						
創造革新タイプ						

〈タイプ別の強みと啓発ポイント〉

	強み	啓発ポイント
組織管理タイプ		
企画開発タイプ		
実務推進タイプ		
創造革新タイプ		

NMATの性格検査の尺度

性格検査の8つの尺度

まずは性格検査の8つの尺度から説明します。

性格検査の8つの尺度は、「人間関係の特徴」と「職務遂行の特徴」の2つに大きく分けられます。

それぞれの尺度は、ある性質が強いか弱いかというものではなく、両極に配置した対になる2つの特性のうち、どちらの傾向がどれだけ強いかを測定するものです。

性格検査の8つの尺度

「人間関係の特徴」

　　尺度①人とのつきあい方
　　　　　A：内向⇔B：外向
　　尺度②組織の中の行動スタイル
　　　　　A：調整⇔B：統率
　　尺度③人間関係の判断基準
　　　　　A：心情⇔B：理性
　　尺度④状況把握のスタイル
　　　　　A：繊細⇔B：強靭

「職務遂行の特徴」

　　尺度⑤職務遂行の方向性
　　　　　A：維持⇔B：変革

> 尺度⑥職務遂行のスタイル
> 　　　　Ａ：思索⇔Ｂ：行動
> 尺度⑦決断までのアプローチ
> 　　　　Ａ：慎重⇔Ｂ：大胆
> 尺度⑧意思決定のスタイル
> 　　　　Ａ：承認⇔Ｂ：自律

Ⅰ 「人間関係の特徴」の4つの尺度

　組織において仕事を進めるうえで、上司や同僚、部下などと、どのようなかかわりをもとうとする傾向があるかという、周囲の人間との接し方の特徴を測定します。4つの尺度によって構成されています。

尺度①人とのつきあい方：内向⇔外向

Ａ：内向

【特徴】
「内向」は、物静かで控えめなところがあります。集団行動をするよりは、1人もしくは少数の仲間と行動することを好みます。人との交際の範囲は狭い反面、深くつきあう傾向があります。

　検査Ⅲ（性格検査）の以下のような質問に対し、「近い」「どちらかといえば近い」と回答すると、この傾向が強くなります。

> ● 親しくなるまでに時間がかかる
> ● 面白みはないほうだ
> ● 自分から話に参加することは少ない
> ● 内向的である

- 1人のほうが気楽だ
- 初対面の人とは気軽に話せない
- 人と話をしているとき話題がとぎれがちになる
- 落ち着いている
- つきあいは狭い
- 言葉が少ない
- 少人数で行う課題が好きだ
- 群衆の前で意見を発表するのはあまり好きではない
- しゃべらないことは苦にならない
- 人と交渉するのはあまり好きではない

B：外向

【特徴】

「外向」は、陽気で社交的。開放的な性格のため、交際範囲も広く浅くというのが特徴です。大勢の人とわいわい仕事をすることを好みます。

検査Ⅲ（性格検査）の以下のような質問に対し、「近い」「どちらかといえば近い」と回答すると、この傾向が強くなります。

- 相手を選ばずすぐに親しくなれる
- 面白みがあるほうだ
- 話には積極的に参加する
- 外向的である
- 誰かと一緒のほうが楽しい
- 初対面の人でも気軽に話す
- 人と話をしているとき話題がとぎれることはない
- 活発だ
- つきあいは広い
- 言葉が多い
- 多くの人と一緒に行う課題が好きだ

- 群衆の前でも平気で意見を発表できる
- しゃべらないことはつらい
- 人と交渉するのが好きだ

尺度②組織の中の行動スタイル：調整⇔統率

A：調整

【特徴】
「調整」は、自分の意見を主張するよりも、集団の中の調整役を好みます。他者の意見を尊重して、全員が協力的に仕事をできるように配慮し、まとめていくのを得意とします。

検査Ⅲ（性格検査）の以下のような質問に対し、「近い」「どちらかといえば近い」と回答すると、この傾向が強くなります。

- 重要な問題は周囲に意見を求めるほうだ
- 協調性に優れている
- みんなに協力する
- みんなの考えに賛成することが多い
- グループの中ではみんなと協力していくほうだ
- 会議では他人の主張を尊重する
- 人に協力して仕事を進める
- 話を切り出すタイミングを逃すことがある
- みんなで決定した方針に従う
- 周りの考えに合わせる
- 人から影響を受けることが多い
- 自分は親しまれる人物だと思う
- 自分と反対の考えでも抵抗なく受け入れられる
- 調整役として役目を果たす
- 仲間を支えていきたい

- ●親しみやすい人と言われたい
- ●摩擦が起きないように物事を進めたい
- ●相手を援助するのが好きだ
- ●援助
- ●理解

B：統率

【特徴】

「統率」は、自己の主張・意見を強く持ち、集団の中では指導的な役割を果たそうとします。自分の信念に基づいて他者に指示を与えながら、組織をリードしようとします。

検査Ⅲ（性格検査）の以下のような質問に対し、「近い」「どちらかといえば近い」と回答すると、この傾向が強くなります。

- ● 重要な問題は自分１人で考えるほうだ
- ● 統率力が高い
- ● みんなを指導する
- ● 自分の考えを主張することが多い
- ● グループの中ではみんなを引っ張っていくほうだ
- ● 会議では自分の主張をはっきり打ち出す
- ● 自分が先頭にたって仕事を進める
- ● 人の話をおさえて発言することがある
- ● 自分の主張で方針を決める
- ● 自分の考えを貫く
- ● 人に影響を与えることが多い
- ● 指導者として役目を果たす
- ● 仲間を引っ張っていきたい
- ● 自分は影響力のある人物だと思う
- ● 自分と反対の考えを論破するのが好きである

- リーダーとして評価されたい
- 自分の思いどおりに物事を進めたい
- 相手に指示するのが好きだ
- 主張
- 説得

尺度③人間関係の判断基準：心情⇔理性

A：心情

【特徴】

「心情」は、人間関係や互いの信頼関係を尊重するタイプです。なによりも人の心を重視しながら仕事を進めようとします。

検査Ⅲ（性格検査）の以下のような質問に対し、「近い」「どちらかといえば近い」と回答すると、この傾向が強くなります。

- 思いやりのある態度を心がける
- 仕事において重要なのは本人の熱意と努力だ
- 情を重視しすぎる
- 思いやりがあることを大切にする
- 人を説得するときは情に訴えるほうだ
- 人にやさしくする
- 交渉では相手の気持ちの動きに関心を払う
- 人には人情味あふれる態度で接する
- 気持ちをこめてしゃべるほうだ
- 温かい人だと思われている
- 仕事をするときは、人と衝突しないように気を配る
- 文学や芸術を好む
- 職場では調和を大事にしたい
- 人間味があることを重視する

- 人の気持ちを無視したやり方には我慢できない
- 人の気持ちへの配慮に自信がある
- 職場では心のふれあいを大事にしたい
- 大切なのは人の気持ちをくみ取ること
- 人間関係のよい会社を好む
- 情熱
- 同情
- 温情
- 人情

B：理性

【特徴】

「理性」は、組織の中できわめて合理的に物事を見ようとするタイプです。つねに冷静で、分析を得意とし、仕事の合理化、効率化のためには過度に人情的な部分を排除する傾向があります。

検査Ⅲ（性格検査）の以下のような質問に対し、「近い」「どちらかといえば近い」と回答すると、この傾向が強くなります。

- 客観的な態度を心がける
- 仕事において重要なのは成果と業績だ
- 合理的すぎる
- 筋道を通すことを大切にする
- 人を説得するときは理詰めで話すほうだ
- 人を公平にあつかう
- 交渉では意見の相違点に関心を払う
- 人には是々非々の態度で接する
- 理路整然としゃべるほうだ
- 厳しい人だと思われている
- 仕事のためなら、人と衝突することもいとわない

- 数学や科学を好む
- 職場では合理性を大事にしたい
- 仕事ができることを重視する
- 理不尽なやり方には我慢できない
- 公平な判断に自信がある
- 職場では仕事の効率を大事にしたい
- 大切なのは人の意見を理解すること
- お互いの役割がはっきりした会社を好む
- 冷静
- 究明
- 厳正
- 理性

尺度④状況把握のスタイル：繊細⇔強靭

A：繊細

【特徴】

「繊細」は、敏感で些細なことでも気にかけ、見逃しません。性格的には線が細く、気分転換も苦手で、物事を悲観的に見てしまう傾向があります。

検査Ⅲ（性格検査）の以下のような質問に対し、「近い」「どちらかといえば近い」と回答すると、この傾向が強くなります。

- トラブルが起きると動揺してしまう
- しょっちゅう後悔する
- すぐに動揺してしまう
- 律儀すぎる
- 細やかなほうだ
- 気になることがあると仕事に集中できない
- とても心配性である

- 自分の考えを批判されると気になる
- 悲観的に考えすぎて失敗することが多い
- 気兼ねしがちである
- なぜこんなに気分が暗くなるのかわからないことがよくある
- 損をするといつまでも気になる
- あわてたり、まごつくことがある
- 気持ちに波がある
- 自己嫌悪に陥りやすい
- スランプからの脱出に時間がかかる
- 運がないほうだ
- 先が見えないと不安になる
- プレッシャーに弱い
- 悩みごとが多い
- すぐに傷つくほうだ
- 気分転換が下手だ

B：強靭

【特徴】

「強靭」は、神経が太く、物事を楽観的に考える傾向があり、多少のことでは動揺しません。やや自信過剰なところもあり、細かいところを見落とすようなミスを犯しやすいところもあります。

　検査Ⅲ（性格検査）の以下のような質問に対し、「近い」「どちらかといえば近い」と回答すると、この傾向が強くなります。

- トラブルが起きてもあまり動揺しない
- あまり後悔しない
- めったに動揺しない
- 調子がいい
- 細かなことは気にしないほうだ

- ●仕事に熱中すると心配事も忘れてしまう
- ●とても楽天家である
- ●自分の考えを批判されても気にならない
- ●気楽に考えすぎて失敗することが多い
- ●遠慮しないほうだ
- ●くよくよ悩むことはほとんどない
- ●損をしてもしばらくすると忘れる
- ●冷静でめったにあわてない
- ●気持ちはいつも安定している
- ●自信過剰だ
- ●スランプからの脱出は早い
- ●ついているほうだ
- ●先が見えなくても何とかなると感じる
- ●プレッシャーに強い
- ●悩みごとはあまりない
- ●人が何と言っているかは気にならないほうだ
- ●気分転換が上手だ

Ⅱ 「職務遂行の特徴」の4つの尺度

　仕事の進め方や、全般的なものの見方など、組織の中での状況判断の拠り所となる性格的特徴です。4つの尺度によって構成されています。

尺度⑤職務遂行の方向性：維持⇔変革

A：維持
【特徴】
「維持」は、課題解決にあたってはひじょうに堅実で、現実に則した方法で事にあたろうとします。それまでのやり方や過去の実績を大切にし、そ

れを踏襲して一歩一歩進んでいくことを好みます。

　検査Ⅲ（性格検査）の以下のような質問に対し、「近い」「どちらかといえば近い」と回答すると、この傾向が強くなります。

- 現状のよさに着目する
- 身のまわりの事柄を重視する
- 経験を大切にする
- 与えられた目標を確実に行う
- 話し合いでは常識的な意見を出す
- 常識を大切にする
- 達成できる目標を立てる
- 実情に合わせて最善を求める
- 目先の課題を解決していくことが得意だ
- 従来の方法を応用する
- 堅実な人と評価される
- 一歩一歩段階を踏む業務がしたい
- 会社は大幅な成長はなくとも安定を目指すべきだ
- 足元を固めるよう心がけたい
- 日々の業務の中で小さな改善を積み重ねたい
- 手順のきちんと決まった仕事は確実で好きだ
- 安定した業務に携わりたい
- 物事は着実に進めたい
- 慣れた業務を深めたい
- 1つのことに徹したい
- 先例に学んで働きたい
- リスクをできるだけ避けて目標を達成したい
- 秩序
- 維持

B：変革

【特徴】

「変革」は、課題解決にあたって、つねに自分なりのやり方を重視しようとします。過去の方法や慣習にはとらわれず、チャレンジ精神を持って現状を変革していこうとします。

検査Ⅲ（性格検査）の以下のような質問に対し、「近い」「どちらかといえば近い」と回答すると、この傾向が強くなります。

- 現状の問題点に着目する
- 夢を重視する
- ひらめきを大切にする
- 与えられた目標以上のものに挑戦する
- 話し合いでは目新しい意見を出す
- 常識にこだわらない
- チャレンジのしがいがある目標を立てる
- 根本からの改革を目指す
- 新しいアイデアを考え出すことが得意だ
- 新しい方法を見つける
- 発想豊かな人と評価される
- オリジナリティを求められる業務がしたい
- 会社はリスクがあっても拡大を目指すべきだ
- 可能性にチャレンジするよう心がけたい
- 日々の業務に大きな変革をもたらしたい
- 手順のきちんと決まった仕事は堅苦しくて嫌だ
- 変化の多い業務に携わりたい
- 大きなことに挑戦してみたい
- 未経験の業務に挑戦したい
- 新しいことを試したい
- 先例となる働きをしたい

- リスクを負っても目標は達成したい
- 自由
- 変革

尺度⑥職務遂行のスタイル：思索⇔行動

A：思索
【特徴】
「思索」は、思慮深く、課題解決にあたってはできるだけ時間をかけ、検討を加えてから実行に移そうとします。物事を論理的に考え、軽率な行動を嫌う傾向があります。

検査Ⅲ（性格検査）の以下のような質問に対し、「近い」「どちらかといえば近い」と回答すると、この傾向が強くなります。

- 文章を書くとき内容は前もって整理する
- 頭で考えて納得することが多い
- 物事を一歩一歩進める
- 決断までに時間がかかる
- いろいろと思索してみる
- 石橋をたたいて渡るほうだ
- 思考する能力が高い
- むだな動きをしないよう最初に考える
- 急いでは物事を失敗すると考える
- 難しい問題を考える仕事にやりがいを感じる
- つきつめて考えないと気がすまない性格だ
- いい案を思いついたら自分の中でじっくり検討するほうだ
- じっくり時間をかけて細かく事情をつかむことが得意だ
- 将来を見通す思慮深さがあるほうだ
- 理論的である

- 綿密な準備をするほうだ
- 情報は選択が重要だ
- 旅行するなら観光のできるところがよい
- 本の中からたくさんのことを学びたい
- 机に向かう仕事がしたい
- つきつめて思索することが好きだ
- アイデアが浮かんでもいろいろな可能性を考えておきたい
- 問題が発生したら原因や対応策をよく検討したい
- 着想
- 考えを深める
- 熟考
- 企画
- 構想を練る

B：行動

【特徴】

「行動」は、まず行動を起こそうとするタイプです。試行錯誤をいとわず、体験の中から学習し、活路を見出そうとします。理論より実践を重んじます。

検査Ⅲ（性格検査）の以下のような質問に対し、「近い」「どちらかといえば近い」と回答すると、この傾向が強くなります。

- 文章を書くとき内容は書きながら考えていく
- 実際に動いてみて納得することが多い
- 物事を一気に進める
- すぐに決断する
- いろいろと実行してみる
- 見切り発車をするほうだ
- 行動する能力が高い
- 時間がむだにならないようすぐに始める

- 先んずれば人を制すと考える
- 動きまわる仕事にやりがいを感じる
- あまり考えこまない性格だ
- いい案を思いついたらすぐに試してみるほうだ
- 短時間でおおまかな事情をつかむことが得意だ
- 現場を動かす実行力があるほうだ
- 実践的である
- すぐに手を打つほうだ
- 情報網は広くとることが重要だ
- 旅行するならスポーツのできるところがよい
- 体験の中からたくさんのことを学びたい
- 外まわりの仕事がしたい
- 一生懸命行動することが好きだ
- アイデアは早く行動に移したい
- 問題が発生したらまず何らかの行動を起こしたい
- 実現
- 意見を発表する
- 体当たり
- 実行
- 構想を実現させる

尺度⑦決断までのアプローチ：慎重⇔大胆

A：慎重

【特徴】

「慎重」は、あらゆる角度から物事を慎重に検討し、それから意思決定をしようとします。その分、臆病になりがちで、即断即決を強いられる場面には弱い傾向があります。

　検査Ⅲ（性格検査）の以下のような質問に対し、「近い」「どちらかとい

えば近い」と回答すると、この傾向が強くなります。

- 慎重になりすぎて時機を逃すことがある
- 余分な心配までする
- 用心して動くほうだ
- どんなことでも熟考しないと気がすまない
- いつまでもあきらめられない
- 何かするときにはいろいろ迷う
- 慎重になりすぎる
- ことばを選びながら会話をするほうである
- 結果は慎重に出す
- 自分のとるべき態度は熟考してから決める
- 思いきりが悪くて失敗する
- なかなか決められないほうだ
- あらゆることに徹底的にこだわる
- 生真面目なために損をすることが多い
- 思ったことをよく考えてから話すほうだ
- 困難があっても決心は変えない
- 着実さをモットーとしている
- 慎重
- 念には念を入れる

B：大胆

【特徴】

「大胆」は、あまり細かいことにはこだわらず、自分の信念に基づいて大胆に即断即決していくタイプです。反面、細かい見落としが多く、判断を誤る可能性もあります。

検査Ⅲ（性格検査）の以下のような質問に対し、「近い」「どちらかといえば近い」と回答すると、この傾向が強くなります。

- 結果を急ぐあまり軽率な判断をすることがある
- 早とちりする
- すばやいほうだ
- すぐにあきらめられる
- 理詰めで物を考えるのは性に合わない
- 何かするときにはあまり迷わない
- 慎重さが足りない
- 思いついたことを気軽に会話をするほうである
- 結果を急ぐ
- 自分のとるべき態度は即決する
- 思いきりがよすぎて失敗する
- チャレンジャーなほうだ
- あらゆることにあまりこだわらない
- いい加減なために失敗をすることが多い
- 思ったことはストレートに話すほうだ
- いったん決めたことに必ずしもこだわらない
- 迅速さをモットーとしている
- 大胆
- 思い立ったが吉日

尺度⑧意思決定のスタイル：承認⇔自律

A：承認

【特徴】

「承認」は、周囲の人の承認や理解を得ながら仕事を進めようとするタイプです。自分だけが突出することは避け、全体の調和や歩調合わせに気を配ろうとします。

検査Ⅲ（性格検査）の以下のような質問に対し、「近い」「どちらかとい

えば近い」と回答すると、この傾向が強くなります。

- 行動するときに人の目が気になる
- 人にペースを合わせるほうだ
- 人が考えていることがとても気になる
- 仕事のペースを相手に合わせることが多い
- 他人と比べてどれだけ努力したかが大切だ
- 人に認められる成果を出す
- 自分の考えに合わなくても、他人に評価される仕事ならする
- 自分の意見が他人にどう受けとめられるか気になる
- 決断するときには、まず周囲にどんな影響を与えるかを考える
- 自分の言動が場違いかどうかに敏感である
- 課題の成果が他人に受け入れられるかどうかを大切にする
- 人からほめられることを重視する
- 他人と違う行動はとりたくない
- 努力した成果はできるだけ多くの人に知ってもらいたい
- 周囲と争うことを好まない
- 成功とは人から尊敬されることを達成することだ
- 他人の役に立ってほめられることが一番の喜びだ
- 自分が頑張っている姿を誰かに見てもらいたい
- 他人に認められてこそ自分の意見は価値をもつ

B：自律

【特徴】

「自律」は、仕事を進めるうえで、自分の納得度や価値観を判断の拠り所としているタイプです。自分のペースをくずさず、周囲の人との歩調合わせには神経を使わない傾向があります。

検査Ⅲ（性格検査）の以下のような質問に対し、「近い」「どちらかといえば近い」と回答すると、この傾向が強くなります。

- 行動するときに人がどう思うか気にしない
- 自分のペースで進めるほうだ
- 仕事のペースは自己流のことが多い
- 人が考えていることは全く気にならない
- 自分なりにどれだけ努力したかが大切だ
- 自分が満足できる成果を出す
- 他人に評価されなくても、自分がこれと思った仕事をする
- 自分の意見が他人にどう受けとめられてもあまり気にならない
- 決断するときには、まず自分が納得できるかを考える
- 自分の言動が場違いかどうかはあまり気にしない
- 課題の成果が納得できるかどうかを大切にする
- 自分の満足感を重視する
- 成功とは自分がやりたいことを達成することだ
- 自分のやりたいことを成し遂げることが一番の喜びだ
- 自分が頑張っている姿を特に誰かに見せようとは思わない
- 他人と同じ行動はとりたくない
- 努力した成果は自分で納得できればよい
- 周囲に妥協することを好まない
- 他人の意見がどうであろうと自分の意見は曲げない

性格検査の虚偽尺度

　NMATでは、以上の性格特徴のほかに、虚偽尺度というチェック項目があります。これは、自分を偽って、よく見せようとする傾向があるかどうかを見るものです。

「虚偽尺度」の質問の特徴は、自分を明らかによく見せるような回答が可能なものであることです。質問にはよい状態を示したものと悪い状態を示したものが対で示されます。以下のような質問の中で、よい状態のものに「近い」と回答すると虚偽尺度に引っかかります。それ以外の選択肢を選べば、虚偽尺度には引っかからずにすみます。

　　（＋）はよい状態　　（－）は悪い状態

- いかなることでも絶対に忘れることはない（＋）
- 思い出そうとして思い出せなかったことがある（－）

- 同じ間違いを繰り返したことはない（＋）
- 同じ間違いを繰り返したことがある（－）

- 感情をむき出しにしたことはない（＋）
- 感情をむき出しにしたことがある（－）

- 待ち合わせの時間に遅れたことはない（＋）
- 待ち合わせの時間に遅れたことがある（－）

NMATの性格検査の役職タイプ

8つの尺度の組み合わせで「役職タイプ」が決まる

　ここまで説明してきた性格検査の結果を組み合わせることによって「役職タイプ」が決まります。**性格特徴の8つの尺度の中で、それぞれの役職タイプごとにその職務を遂行するうえでの「欠くことのできない」尺度(性格特徴)が決まっており、重要視されるものとそうでないものがあります。**各タイプで重要視される尺度は以下の通りです。

●適性診断の重みづけ表

	組織管理タイプ	企画開発タイプ	実務推進タイプ	創造革新タイプ
内向⇔外向	△外向			
調整⇔統率	○統率	△統率	△調整	○統率
心情⇔理性		△理性		
繊細⇔強靭	○強靭		△強靭	○強靭
維持⇔変革		○変革	○維持	○変革
思索⇔行動		○思索		△思索
慎重⇔大胆	△大胆	△大胆	○慎重	○大胆
承認⇔自律	○承認		△承認	△自律
	企業・経営者サイドの意向をくみ取り、その実現に向けて組織やグループを統括、運営する	自らの専門的視点と新しい着想で、制度・戦略などの企画立案や商品開発・研究を行う	一定の分野で豊富な知識・技能と実績を持ち、着実に実務を推進する	変革が要求される状況において、新たなコンセプトを打ち出し、周囲を巻き込みながら戦略的に事業を推進する

○：重要視される尺度
△：やや重要視される尺度

「役職タイプ」は4つ

「役職タイプ」には以下の4つがあります。
① 組織管理タイプ
② 企画開発タイプ
③ 実務推進タイプ
④ 創造革新タイプ

それぞれの性格プロフィールは以下のようになっています。

①組織管理タイプ

《職務内容》

　企業・経営者サイドの意向をくみ取り、企業目標の実現に向けて組織やグループをまとめあげ、運営していくことを職務とします。
　典型的な管理職と言えます。

《性格プロフィール》

　明るくオープンな性格をもち、周囲の人を巻き込みながら組織の中で指導者的な役割を果たそうとします。また、強靭な意志をもち、多少のことでは動揺しない線の太さがあります。
　意思決定は大胆なほうですが、事前の根回しがうまく、周囲の合意を得ながら集団の意思形成をすることに長けています。

②企画開発タイプ

《職務内容》

　自らの専門的視点と新しい着想で、制度・戦略などの企画立案や商品開発・研究を行います。
　いわゆる「専門職」に相当します。

《性格プロフィール》

　課題に対して論理的・分析的に取り組み、市場のニーズを的確につかみます。企画開発の方向性を素早く決め、独創的な商品や新たなサービスを

考え出します。自ら提案し周囲を動かそうとします。

③実務推進タイプ
《職務内容》
　一定の分野で豊富な知識・技能と実績をもち、確実に実務を推進します。
　いわゆる「専任職」に相当します。
《性格プロフィール》
　従来の方法や仕事を尊重し、堅実なやり方で職務にあたろうとします。課題解決にあたっては慎重に対応し、つねに周囲の承認やコンセンサスを得ながらことを進めます。人間関係の葛藤の中でも強い意志をもってことにあたります。ちょっとのことでへこたれることはありません。
　指導者的な役割よりも、集団の中の調整役を好みます。

④創造革新タイプ
《職務内容》
　変革が要求される状況において、新たなコンセプトを打ち出し、周囲を巻き込みながら戦略的に事業を推進します。
　いわゆる「企業内起業家」に相当します。
《性格プロフィール》
　新しい仕事に挑戦することや現状を変革することを好みます。集団の中では指導者的な役割を果たし、強靭な意志の力で困難を乗り越えていきます。熟慮を重ねながらも最終的には大胆な意思決定を行います。周囲から影響を受けにくく、自分の理想と信念でことにあたろうとします。

「能力」と「役職タイプ」のマトリックス

「性格」の組み合わせで作られた「役職タイプ」と、言語・非言語の「能力」の得点をマトリックス状に描き出して判断するものが、「役職タイプ別適性」です（212ページの人事用報告書を参照）。

能力が高くて、役職タイプも高ければ、その役職に適する可能性が高くなるわけです。

逆に、能力が低く、その役職タイプも低ければ、その役職に適する可能性は低いわけです。

NMATの測定結果は、「人事用報告書」と「本人用報告書」の両方で出されます。

このうち、本人が見ることができるのはフィードバック用の「本人用報告書」だけです。

NMATの指向検査の尺度

「指向」とは?

「指向」とは、企業組織の中で、どのような立場で組織に参加したいと考えているのかという自分の希望です。

「指向」は潜在的な適性というよりは、本人の現在の希望です。以下の4つの尺度で測定され、結果は診断表の「役職タイプ別指向」欄に表示されます。

❶ 組織管理指向

【特徴】

組織やグループをまとめ、運営する、いわゆる組織のリーダー、管理職への指向を指します。

検査Ⅳ（指向検査）の以下のような質問に対し、「そうしたい」「ややそうしたい」と回答すると、この指向が強くなります。

- リーダーシップを生かすことができる職務につく
- 大きな権力を持つ
- グループをまとめながら業務を進める
- 組織内で昇格する
- マネジメント力が求められる職務につく
- 職場の管理運営を一任される職務につく
- メンバーを活用して仕事を推進する
- 経営的な視点が求められる職務につく
- ラインのトップになる
- リスクを負いながらも決断を進める職務につく

- 人材育成の職務につく
- 高い地位を目標とする
- 管理能力が求められる職務につく

❷ 企画開発指向

【特徴】

　専門的な領域をもち、その中から企画や商品開発といった提案をしていく職務、いわゆる「専門職」への指向を指します。

　検査Ⅳ（指向検査）の以下のような質問に対し、「そうしたい」「ややそうしたい」と回答すると、この指向が強くなります。

- 論理的な思考が求められる職務につく
- 従来のやり方を応用して業務を進める
- 高度な知識が求められる職務につく
- 社外でも通用するスペシャリティが求められる職務につく
- 専門性が求められる職務につく
- ブレーンとして能力を発揮する
- 研究・開発に従事する
- 特定分野の第一人者として活躍する
- 専門が必要とされる職務につく

❸ 実務推進指向

【特徴】

　一定の分野で実績を積み、実務のスペシャリストを目指す、いわゆる「専任職」への指向を指します。

　検査Ⅳ（指向検査）の以下のような質問に対し、「そうしたい」「ややそうしたい」と回答すると、この指向が強くなります。

- 慣れ親しんだ分野で働く
- 熟知した業務を確実に進める

- 自分の経験を生かすことのできる職務につく
- 熟練が求められる職務につく
- 確実に実務を行う
- こつこつと着実に仕事をこなす
- ベテランの味を生かせる職務につく
- 経験や蓄積が求められる職務につく
- 高い実務処理能力が求められる職務につく
- 粘り強さが必要とされる職務につく

❹ 創造革新指向

【特徴】

変動的な状況の中で新しい視点や戦略を打ち出し、新たに事業を展開、推進する、企業内起業家への指向を指します。

検査Ⅳ（指向検査）の以下のような質問に対し、「そうしたい」「ややそうしたい」と回答すると、この指向が強くなります。

- 新商品を開発する
- 創造性を発揮できる職務につく
- 新たな部署を開き運営していく
- 現状を打開する力が必要とされる職務につく
- 企画力が求められる職務につく
- 自ら新規事業を進める
- 新しいプロジェクトを進める
- 人から先駆者として認められる仕事をする
- 新しい案を企画し提案する職務につく
- 業務において新機軸を打ち出す
- 変革を行う職務につく
- 仕事や組織を作り替えるような職務につく
- 新しい事業を軌道に乗せる

結局、性格・指向検査にどう回答すべきか？

NMATで大事なのは役職タイプ

　管理者層として求められる能力は、企業や組織によってさまざまです。大事なのは、「自社の人事部や上層部が、管理職として自分にどのような役割を果たすことを期待しているのか」「自分は今どのような管理職に適しているのか、将来はどうありたいのか」です。

　これらのマッチング度合いを平易な形で可視化できるようにしたものが、NMATの性格・指向検査だと言えます。

　NMATの性格・指向検査を考えるときに最も大事なことは、「自分の現在の働き方」と「将来こうありたいと考えている姿」を、4つの役職タイプに照らし合わせて考えることです。

どの「役職タイプ」を目指すのか？

　もしあなたが典型的な管理職を志望していて、そのための昇進試験としてNMATを受ける場合、望ましいのは「組織管理タイプ」です。「適性診断の重みづけ表」（236ページ）を振り返り、どのような性格特徴が重要視されるのかを再確認してください。

　例えば、あなたが一貫して基礎研究に携わってきた研究員で、今後も研究業務を続けたいと考えている場合、望ましいのは「企画開発タイプ」です。これはいわゆる「専門職」に相当します。

　あるいは、あなたが現場の仕事を極めたいと考えるならば、望ましいのは「実務推進タイプ」です。これはいわゆる「専任職」に相当します。

　あなたが上の3つのどれでもなく、新規事業の立ち上げを主導するよう

な仕事が得意で、今後も携わりたいと考えているならば、望ましいのは「創造革新タイプ」です。

これらのヒントをもとに、自分の現在の働き方と将来について、改めて考えるところから始めてみてください。

「役職タイプ」と「役職指向」

NMATの性格検査の「役職タイプ」が「あなたの性格特徴がどのような役割に向いているのか」を見るものであるのに対し、指向検査の「役職指向」は「現在あなたがどのような役職タイプを希望しているか」を見ています。

当然のことながら、「ある役割を遂行する資質があるか」と、「ある役割をしたいと希望しているか」は別物です。

理想は、この2つがマッチしていることです。「できるし、やりたい！」という状態が望ましいことは言うまでもありません。

「できないし、やりたくない」という人や「できるけど、やりたくない」という人もいるでしょう。こうした人は「できるし、やりたい！」を目指すことを考えてみてはどうでしょうか？

「できないけど、やりたい！」という人はそのままでは管理職としての適性に欠けていると見なされても仕方ありません。「できるし、やりたい！」となるように将来を考えてみることが必要です。

専門職と専任職

　皆さんの中には、「専門職」「専任職」という用語にあまりなじみのない方もいると思いますので、簡単に解説します。

　そもそも一般的な会社の役職は、平社員で入社して何年かすると主任に昇格し、何名かの部下を持ちます。その後、係長→課長→部長といったように昇格していき、そのつど部下の数が増えていくものです。こういう一般的な管理職を「ライン管理職」と世間では呼びます。言い換えるなら、「ライン管理職」とは、部下を持っている管理職のことです。

　それに対して、「専門職制度」という用語があります。

　原則として部下をつけず、特定の専門分野について仕事をします。しかし、給与面などでは、ライン管理職とほぼ同等の処遇を行うものです。

　なぜ、このような制度が生まれたかというと、部下を持つライン管理職のポストには数に限りがあるからです。また、部下を持つよりも一プレーヤーとして仕事をするほうが適する者が多いからです。

　「専門職」は免許・資格を必要とし、採用時から専門の仕事を行う職種のことです。「専門課長」「専門部長」などという役職で、給与面などは課長・部長とほぼ同等であり、部下を持たずに研究開発などを行う職種のことです。

　「専任職」は免許・資格を必要とせず、特定の分野に習熟し、業務に携わるスタッフ職種のことです。

　もしも、あなたが「部下を持ちたい！」「ライン管理職になりたい！」と思っているのであれば、「組織管理タイプ」に適性が高い、と判断されればよいのです。

「複線型人事制度」と密接な関係のあるNMAT

「単線型人事制度」「複線型人事制度」という用語についても、簡単に解説しておきます。

係長→課長→部長といったように昇格し、そのつど部下の数が増えていくのを「ライン管理職」と呼ぶことはすでに説明しました。

それに対して、部下のいない「専門職制度」があることもお話ししました。

しかし、企業によっては「ライン管理職」以外に道がない場合もあります。そうした人事制度を「単線型人事制度」と呼びます。

それに対して、「ライン管理職」としての道だけではなく、「専門職」や「専任職」への道がある人事制度を「複線型人事制度」と呼びます。

NMATは、こうした「複線型人事制度」に対応した適性検査なのです。

無回答はダメ!

最後に注意事項です。

性格・指向検査はすべて回答する必要があります。無回答が多いと不正確な診断をされる場合があります。

性格・指向検査は、必ずすべて回答するようにしてください。

「SPIノートの会」より読者の方々へのお願い
あなたの「採用テスト」体験を募集します！

　本書の編著者である「SPIノートの会」では、読者の「採用テスト」体験記を積極的に募集します。読者からの情報は、会で入手した情報の裏取り、会で把握できなかった採用テスト情報などに利用させていただきます。本書の掲載情報の精度を高めるためにも、読者の方々のご協力をお願い申し上げます。

　なお、投稿内容は「個人情報保護法」を遵守し、上記内容のみに利用させていただきます。

　投稿された情報の中から、利用価値が高いと思われる内容を提供してくださった方には薄謝（図書券）を差し上げます。

　あなたの採用テスト体験を、「SPIノートの会」のホームページ（https://www.spinote.jp/）からご投稿ください。情報が多数の場合は、封書でも結構です。

SPIノートの会一同

キャリアプランを考える

「役職タイプ」と「指向」のズレに注目

　検査Ⅲの性格尺度の組み合わせで作られる「役職タイプ」の結果は、自分が日頃なんとなく「将来こうなりたい」と思っていた方向性と合致していますか？　また、検査Ⅳの結果で出た「指向」の方向と、「役職タイプ」の結果とは合致していますか？

　この「①日頃思っていた自分の考えやその方向」と「②役職タイプ」、そして「③指向」、この3つをすり合わせてみて、3つのベクトルがほぼ同じ方向を向いているとの結果の出た人は、何の問題もありません。その道こそが、あなたの進むべきキャリアです。

　しかし問題は、この3つのベクトルのどこかにギャップやズレが生じてしまっている人です。その人はまだ、「自分をよく知ったうえでのキャリアプランが固まった」という段階には到達していないということです。

　そのような人はまず、「本当に自分はどちらの方向（キャリア）を目指すべきなのか？」を、大いに迷ってほしいと思います。

　誰もが、組織の中で自分の意思に沿った仕事ができるわけではありません。組織で与えられた役割の中で、自己像を見失っている人も少なからずいるはずです。そうした、今ある状態と自分本来の姿とのギャップに「気づき」、個人個人がそのギャップを埋め、自己実現をしていくために「悩み、考える」。そして、その結果出た結論を実行することこそが大切なのです。

　大いに悩み、考えた結果、「役職タイプ」を重視するのか、「指向」を重視するのか、その先のどの道を選ぶかは、あなた自身の問題なのです。たとえ上司や人事部がいろいろな提案をしようとも、その答えは、あなた自

身で出さなくてはならないのです。
　自分の性格や指向をきちんと点検する機会などめったにありません。NMATの受検には、あなたのこれからの社会人としての成長のヒントが隠されています。
「敵を知り、己を知らば、百戦危うからず」です。まずは己をしっかりと知ることが、NMATの突破には重要なのです。

JMATの性格検査と指向検査とは

JMATの性格検査とは

JMATの性格検査は、受検者の性格特徴と職務への適性を見るための検査です。大きく分けて以下の2つで診断します。設問形式はNMATとほぼ同じです。

● **性格特徴**

受検者の性格にどのような傾向があるかを、9つの尺度から診断します。そのうち5つは実質的にはNMATと同じ尺度で、残り4つはJMAT独自の尺度です。

● **職務タイプ**

性格特徴の結果から、3つの職務タイプごとに適性がどの程度あるかを診断します。3つの職務タイプはJMAT独自のものです。

JMATの指向検査とは

JMATの指向検査は、3つの職務タイプへの受検者の指向（職務指向）を見るための検査です。ここでいう「指向」とは、潜在的な適性というよりは、受検者の現在の希望です。

性格・指向検査の構成

検査Ⅲ（性格検査）220問
検査Ⅳ（指向検査）30問
制限時間　検査Ⅲと検査Ⅳをあわせて約40分

JMATの性格検査の尺度

性格検査の9つの尺度

　性格検査の9つの尺度は、「人との接し方」「仕事への取り組み方」「基本的態度・指向」の3つに大きく分けられます。

　それぞれの尺度は、ある性質が強いか弱いかというものではなく、両極に配置した対になる2つの特性のうち、どちらの傾向がどれだけ強いかを測定するものです。

●JMATの「性格特徴」の尺度

	尺度	測定内容	NMATとの関係
人との接し方	社会的内向⇔社会的外向	控えめで交際は狭く深いか、社交的で交際は広く浅いか	NMATの尺度①「内向⇔外向」に相当
	親和⇔支配	他者の意見を尊重して協力的か、自己主張が強くて指導的か	NMATの尺度②「調整⇔統率」に相当
	情感⇔合理	人の気持ちを重視するか、合理的で筋道を重視するか	NMATの尺度③「心情⇔理性」に相当
仕事への取り組み方	安定集中⇔変化拡散	慣習や常識を重視し1つのことに集中するか、自分なりのやり方を重視し新しいことに挑戦するか	JMAT独自の尺度
	実際⇔理論	実践的なことを好み事実やデータを重視するか、抽象的に考えることを好み発想を重視するか	JMAT独自の尺度
	計画⇔柔軟	計画や手順を重視するか、状況に応じた柔軟な対応を重視するか	JMAT独自の尺度
基本的態度・指向	完全指向⇔行動指向	あらゆる角度から慎重に検討して決定するか、大胆に即断即決するか	NMATの尺度⑦「慎重⇔大胆」に相当
	他者指向⇔自己指向	周囲の承認や理解を得ることを重視するか、自分の納得を重視するか	NMATの尺度⑧「承認⇔自律」に相当
	現実指向⇔未来指向	現実を受け入れ現状維持を目指すか、難しい目標や高い理想を目指すか	JMAT独自の尺度

※NMATの尺度については、NMATの該当ページ（P.216〜P.234）を参照

以下では、JMAT独自の尺度について説明をします。

JMATの独自尺度①：安定集中⇔変化拡散

A：安定集中
【特徴】
「安定集中」は、慣習や常識を重視し、1つのことに集中して深めます。
　検査Ⅲ（性格検査）の以下のような質問に対し、「近い」「どちらかといえば近い」と回答すると、この傾向が強くなります。

● 慣習を重んじるほうだ
● 1つのことに集中するほうだ
● 1つのことにこだわって失敗することがある

B：変化拡散
【特徴】
「変化拡散」は、自分なりのやり方を重視し、新しいことに挑戦します。好奇心旺盛で、幅広い経験をすることを好みます。
　検査Ⅲ（性格検査）の以下のような質問に対し、「近い」「どちらかといえば近い」と回答すると、この傾向が強くなります。

● 慣習にこだわらないほうだ
● 幅広いことに関心を持つほうだ
● 多くのことに手を出して失敗することがある

JMATの独自尺度②：実際⇔理論

A：実際
【特徴】
「実際」は、実践的なことを好みます。事実やデータを重視します。
　検査Ⅲ（性格検査）の以下のような質問に対し、「近い」「どちらかといえば近い」と回答すると、この傾向が強くなります。

- 現実的な案を出す
- 事実を確認する
- データの活用が得意だ

B：理論
【特徴】
「理論」は、抽象的に考えることや従来の枠にとらわれずに考えることを好みます。発想やひらめきを重視します。
　検査Ⅲ（性格検査）の以下のような質問に対し、「近い」「どちらかといえば近い」と回答すると、この傾向が強くなります。

- 独自の案を出す
- 意味を考える
- ひらめきが得意だ

JMATの独自尺度③:計画⇔柔軟

A:計画
【特徴】
「計画」は、事前に計画を立て、その計画に従い確実に実行することを好みます。規律や手順を守ることを重視します。

検査Ⅲ(性格検査)の以下のような質問に対し、「近い」「どちらかといえば近い」と回答すると、この傾向が強くなります。

● 計画を立て確実に行う
● 机のどこに何を入れるか決めている
● 状況しだいで行動を変えたりはしない

B:柔軟
【特徴】
「柔軟」は、計画を守ることよりも、状況の変化に柔軟に対応することを好みます。規律や手順を守ることよりも、臨機応変さを重視します。

検査Ⅲ(性格検査)の以下のような質問に対し、「近い」「どちらかといえば近い」と回答すると、この傾向が強くなります。

● 計画のまま行うことにこだわらない
● 机のどこに何を入れるか決めていない
● 状況しだいで柔軟に行動する

JMATの独自尺度④：現実指向⇔未来指向

A：現実指向
【特徴】
「現実指向」は、現実を受け入れ、現状維持を目指します。

検査Ⅲ（性格検査）の以下のような質問に対し、「近い」「どちらかといえば近い」と回答すると、この傾向が強くなります。

- 目標は立てずやれることをやる
- 目標達成にあまり執着しない
- 現実的なほうだ

B：未来指向
【特徴】
「未来指向」は、難しい目標や高い理想を掲げ、それに向かって前進することを目指します。

検査Ⅲ（性格検査）の以下のような質問に対し、「近い」「どちらかといえば近い」と回答すると、この傾向が強くなります。

- 目標達成のため努力する
- 目標達成に執着する
- 理想が高いほうだ

JMATの性格検査の職務タイプ

9つの尺度の組み合わせで「職務タイプ」が決まる

　検査Ⅲの性格検査の結果を組み合わせることによって「職務タイプ」が決まります。各タイプで重要視される尺度は以下の通りです。

●適性診断の重みづけ表

	リーダータイプ	スペシャリストタイプ	エキスパートタイプ
社会的内向⇔社会的外向	○社会的外向		
親和⇔支配	○支配		○親和
情感⇔合理	○情感	△合理	
安定集中⇔変化拡散		○変化拡散	△安定集中
実際⇔理論	○実際	○理論	○実際
計画⇔柔軟			○計画
完全指向⇔行動指向	△行動指向	○完全指向	△完全指向
他者指向⇔自己指向	○他者指向	△自己指向	△他者指向
現実指向⇔未来指向	○未来指向	○未来指向	
	後輩を指導・育成しながら、組織の目標達成に向けて周囲をリードする	新しい発想や専門的視野に立って、商品開発や研究、戦略の企画立案などを行う	一定の分野における豊富な知識、経験、ノウハウを生かし着実に実務を遂行していく

○：重要視される尺度
△：やや重要視される尺度

「職務タイプ」は3つ

「職務タイプ」には以下の3つがあります。
 ① リーダータイプ
 ② スペシャリストタイプ
 ③ エキスパートタイプ

①リーダータイプ
《職務内容》
　後輩を指導・育成しながら、組織の目標達成に向けて周囲をリードします。
《性格プロフィール》
　明るく社交的で、後輩に対する面倒見がよいタイプです。後輩や同僚の気持ちに配慮しながら、指導的な役割を果たそうとします。高い目標に向かって、積極的に挑戦することを好みます。
　意思決定は大胆なほうですが、事実やデータに基づいて判断しています。周囲の合意を得ながら集団の意思形成をすることに長けています。

②スペシャリストタイプ
《職務内容》
　新しい発想や専門的視野に立って、商品開発や研究、戦略の企画立案などを行います。
《性格プロフィール》
　好奇心旺盛で、幅広い領域に興味を持ち、従来の枠にとらわれない新しい発想をします。高い目標や困難な目標に積極的にチャレンジします。
　課題に対して分析的に取り組み、自分が納得するまで、あらゆる角度から慎重に検討します。

③エキスパートタイプ
《職務内容》
　一定の分野における豊富な知識、経験、ノウハウを生かし着実に実務を

遂行します。

《性格プロフィール》

　仕事の領域を広げるよりは、1つの領域で経験を深めることを好むタイプです。

　従来の方法や仕事を尊重し、堅実なやり方で職務にあたろうとします。事実やデータを重視し、慎重に考えて計画を立て、規律や手順を守り、その計画を確実に実行します。

　上司や先輩からのアドバイスや指示をもらい、承認を得ながらことを進めます。

JMATの指向検査の尺度

「指向」とは？

「指向」とは、企業組織の中で、どのような立場で組織に参加したいと考えているのかという自分の希望です。

JMATでは以下の3つの尺度で測定されます。

❶ リーダータイプ指向

【特徴】

後輩を指導・育成しながら、組織の目標達成に向けて周囲をリードする職務への指向を指します。

検査Ⅳ（指向検査）の以下のような質問に対し、「そうしたい」「ややそうしたい」と回答すると、この指向が強くなります。

- 後輩を指導する立場になりたい
- 職場の意識を1つにする役割を担いたい
- 統率力が必要な仕事をしたい

❷ スペシャリストタイプ指向

【特徴】

新しい発想や専門的視野に立って、商品開発や研究、戦略の企画立案などを行う職務への指向を指します。

検査Ⅳ（指向検査）の以下のような質問に対し、「そうしたい」「ややそうしたい」と回答すると、この指向が強くなります。

- 専門的視野で高度な課題に挑みたい
- 専門的知識を使う仕事をしたい
- なにかの分野で第一人者になりたい

❸ エキスパートタイプ指向

【特徴】
　一定の分野における豊富な知識、経験、ノウハウを生かし着実に実務を遂行していく職務への指向を指します。

　検査Ⅳ（指向検査）の以下のような質問に対し、「そうしたい」「ややそうしたい」と回答すると、この指向が強くなります。

- 豊富な実務経験を使って組織に役立ちたい
- 自らが持つノウハウを使って仕事をしたい
- 熟知した分野で確実な仕事をしたい

【著者紹介】

SPIノートの会

1997年に結成された就職問題・採用テストを研究するグループ。2002年春に、『この業界・企業でこの「採用テスト」が使われている！』（洋泉社）を刊行し、就職界に衝撃を与える。その後、『8割が落とされる「Webテスト」完全突破法』シリーズをはじめ、『CAB・GAB完全突破法！』『こんな「就活本」は買ってはいけない！』『採用の極意』『これが本当のSPI3だ！』『転職者用SPI3攻略問題集』『これが本当のSPI3テストセンターだ！』『これが本当のSCOAだ！』（いずれも洋泉社）を刊行し、話題を呼んでいる。

講演依頼はメールでこちらへ　pub@spinote.jp

● 洋泉社サイトに本書の書籍情報（正誤情報を含む）を掲載しています。http://www.yosensha.co.jp
※本書に関するご質問は、洋泉社サイトのお問い合わせフォームからご連絡ください。
　なお、本書の範囲を超えるご質問などにはお答えできませんので、あらかじめご了承ください。

● 本書の記事及び独自データの無断転載を禁じます。
　違反者には法的手段を講じます。

● SPIノートの会では、「採用テスト」体験記を随時募集しています（247ページ参照）。

【全面改訂版】
完全再現NMAT・JMAT攻略問題集

2015年6月17日　初版発行
2019年2月6日　第9刷発行

編著者────SPIノートの会 ©

発行人────江澤隆志
発行所────株式会社 洋泉社
〒101-0062　東京都千代田区神田駿河台2-2
電話 03-5259-0251

印刷・製本所────サンケイ総合印刷株式会社
DTP作成────中山デザイン事務所
装幀────岩橋直人

乱丁・落丁本はお面倒ながら小社営業部宛ご送付ください。送料小社負担にてお取替え致します。
ISBN978-4-8003-0673-9　Printed in JAPAN
洋泉社ホームページアドレス　http://www.yosensha.co.jp

テストセンター・SPI3-G対応

転職者用 SPI3 攻略問題集
【改訂2版】

SPIノートの会 編著
- ■A5判・並製
- ■定価：本体1500円＋税

転職者に実施される「SPI-G」の対策問題集！

○ SPIの最新バージョン「SPI3」に完全対応！
○ テストセンター、ペーパーテストに対応！
○ 手早く解ける解法を掲載！ 短時間で正確に解ける！
○ 性格検査に完全対応。 報告書のリニューアルにも対応！

好評発売中

http：//www.yosensha.co.jp／洋泉社

主要3方式〈テストセンター・ペーパー・WEBテスティング〉対応

これが本当のSPI3だ!

SPIノートの会・津田秀樹 編著

■A5判・並製
■定価：本体1400円＋税

画期的！ SPIの3方式を出る順で対策！

○SPIの「テストセンター」「ペーパーテスト」「WEBテスティング」を効率よく対策！

○頻出度順の出題範囲表で、方式ごとの出題範囲がひと目でわかる！

○講義形式のていねいな解説で、数学や国語から遠ざかっていた就活生でも理解しやすい！

好評発売中

http://www.yosensha.co.jp／洋泉社

SPIのテストセンター方式の専用対策書！

これが本当のSPI3テストセンターだ！

SPIノートの会 編著

■ A5判・並製
■ 定価：本体1500円＋税

**就活初心者から難関企業の志望者まで
SPI3テストセンターを徹底対策！**

○SPIで最も実施率の高いテストセンター方式に完全対応。
　言語、非言語、英語、構造的把握力検査、性格検査を掲載。
○見開き完結、図解中心の解説で、難問もスラスラ解ける！
○最新傾向の問題を多数収録。実力の底上げに最適！

好評発売中

http：//www.yosensha.co.jp／洋泉社

SPIを含む70テスト(Webテスト含む)を網羅!

この業界・企業でこの「採用テスト」が使われている!

主要採用テスト26種の㊙問題例を掲載!

企業の使ったテストがわかる!

掲載数 **1200** 社!

最も効果の高い採用テスト対策法は、「志望企業のテストを調べて対策」!

【本書に掲載する主要な採用テスト】
SPI(テストセンター・ペーパーテスト・WEBテスティング)、玉手箱、C-GAB、Web-CAB、CAB、GAB、IMAGES、TG-WEB(従来型・新型)、ヒューマネージ社のテストセンター、SCOA、CUBIC、TAP、eF-1G、3E-IP、BRIDGE、タンジェント、CASEC、内田クレペリン、TAL、ESP、事務処理テスト(SPI-R、SPI-N、OAB)ほか多数

SPIノートの会 編著
■定価:本体1500円+税

あなたが入社したい企業が
過去にどんなテストを
出題したのかがわかる！

（2020年度版では **1200** 社分掲載）

企業名	テスト情報
三井物産	【業務職】SPI（テストセンター） 【担当職】C-GAB
日立製作所	玉手箱（言語の論理的読解・図表の読み取り／英語の長文読解・性格本格版）
ソニー	SPI（WEBテスティング）
岡村製作所	TG-WEB（新型言語・新型計数）
東洋紡	SCOA（テストセンター）

（表は2020年度版より抜粋）

好評発売中！

http：//www.yosensha.co.jp ／ 洋泉社

玉手箱・C-GAB 対策用

必勝・就職試験！8割が落とされる
「**Webテスト**」**完全**突破法❶

付　有力企業の「Webテスト」㊙使用速報

SPIノートの会 編著

■Ａ５判・並製
■定価：本体1500円＋税

Webテスト・テストセンター特定法「裏技」を大公開！

Webテストで圧倒的なシェアを誇る「玉手箱」を徹底対策！

○玉手箱の能力テストは言語３種類、計数３種類、英語２種類と多くの科目があります。

○攻略のカギは時間配分。効率のよい解き方が必須です！

○本書は、玉手箱の全科目に対応した玉手箱専用対策本です。

テストセンター方式の玉手箱（C-GAB）の独自解法を掲載しているのは本書だけ！

好評発売中

http://www.yosensha.co.jp／洋泉社

TG-WEB・ヒューマネージ社のテストセンター 対策用

必勝・就職試験！8割が落とされる

「Webテスト」完全突破法 ②

SPIノートの会 編著

付 有力企業の「Webテスト」㊙使用速報

■ A5判・並製
■ 定価：本体1500円＋税

Webテスト・テストセンター特定法「裏技」を大公開！

知っている人だけがトクをする!
難解Webテスト「TG-WEB」を徹底対策！

○TG-WEBは、実施数が急増している自宅受検型Webテストです。
○能力テストは「従来型」「新型」の2種類があります。
○従来型ではクセのある問題、新型では短時間で大量の問題が出題されます。
○本書は、日本初のTG-WEB専用対策本です。

テストセンター方式のTG-WEB（ヒューマネージ社のテストセンター）対策ができるのは本書だけ！

好評発売中

http://www.yosensha.co.jp／洋泉社

WEBテスティング（SPI3）・
CUBIC・TAP・TAL 対策用

必勝・就職試験！**8割が落とされる**

「Webテスト」完全突破法③

付　有力企業の「Webテスト」㊙使用速報

SPIノートの会 編著

■A5判・並製
■定価：本体1500円＋税

全面改訂！
分野別解説・模擬テスト
で徹底対策！

「SPI3」のWEBテスティング方式と CUBIC・TAP・TALを対策！

○ 「自宅PCで受けるSPI」WEBテスティング方式に完全対応。
入力方式、電卓の使用など独自の特徴を踏まえた解説を掲載。

○ 急増中のWebテストCUBICとTAPの全科目を掲載。
また、絵を描かせる珍しい性格テストTALを掲載。

○ Webテスト・テストセンター特定法「裏技」を大公開！

CUBIC、TAP、TALの対策ができるのは本書だけ！

好評発売中

http://www.yosensha.co.jp ／ 洋泉社

SCOAのテストセンター対応

これが本当のSCOAだ!

SPIノートの会 編著
■A５判・並製
■定価：本体１５００円＋税

理・社の出るSPI？ それは「SCOA」です！

○SCOAは伝統ある大手企業が毎年のように実施している30年以上の実績を持つ採用テストです。

○情報不足のため、多くの学生がこのテストを「理科や社会も出題される、難しいSPI」と誤解してきました。しかし、SCOAはSPIとはまったくの別物です。

○本書は、いまだ正確な情報が浸透していないSCOAを徹底解明した、日本初の専用対策本です！

好評発売中

http：//www.yosensha.co.jp／洋泉社

他の対策本が簡単すぎて困っていた方へ
【難易度の高い問題を完全再現!!】

必勝・就職試験!
Web-CAB・GAB Compact・IMAGES対応
CAB・GAB
完全突破法!

SPIノートの会 編著

■A5判・並製
■定価：本体1500円＋税

SHL社の採用テスト「CAB」「GAB」「IMAGES」が1冊で対策できる!

○ CABは、コンピュータ職の採用で使われるテストです。
  Web-CABはCABの超難解版です。
○ GABは、商社・証券・総合研究所でよく使われるテストです。
  GAB CompactはGABの超難解版です。
○ IMAGESは、応募者の多い企業でよく使われるテストです。

Web-CABの完全対策ができるのは本書だけ!

好評発売中

http://www.yosensha.co.jp / 洋泉社